D1573704

Martin von Mauschwitz

ALDI, Goldbär, Thermomix®

Martin von Mauschwitz

ALDI, Goldbär, Thermomix®

Geniale Produktgeschichten
made in NRW

Droste Verlag

INHALTSVERZEICHNIS

01 *Cromford – die erste Fabrik des europäischen Kontinents* — 10
VOM SPINNRAD ZUR MASCHINE

02 *4711 – Eau de Cologne* — 16
LEGENDEN, LEGENDEN

03 *Krupps nahtloser Radreifen – ein Meilenstein der neuen Zeit* — 22
DER HERR DER DREI RINGE

04 *Der Otto-Motor – Viertakter aus Köln-Deutz* — 28
MIT 3 PS IN EINE NEUE WELT

05 *Nahtlose Röhren – eine Erfindung der Gebrüder Mannesmann* — 34
IM PILGERSCHRITT DIE WELT VERÄNDERN

06 *Backin – Dr. Oetkers Weg vom Apotheker zum Großunternehmer* — 42
ERFOLG IN TÜTEN

07 *Vaillants Gas-Badeofen – Revolution im Badezimmer* — 48
WARMES WASSER, EINFACH SO

08 *Aspirin – das meistverwendete Arzneimittel aller Zeiten* — 54
MIT ACETYLSALICYLSÄURE GEGEN DEN SCHMERZ

09 *Carl Miele – die erste Waschmaschine* — 60
DAS BUTTERFASS ALS WÄSCHETROMMEL

10 *Das Telemobiloskop – der Zeit voraus* — 68
CHRISTIAN HÜLSMEYER, PIONIER DER RADARTECHNIK

11 *Penaten-Creme – Klassiker der Kinderpflege* — 74
RÖMISCHE GÖTTER GEGEN WUNDE POPOS

12 *Persil – das erste selbsttätige Waschmittel der Welt* — 78
REVOLUTION IN DER WASCHKÜCHE

13 *Melitta – der erste Kaffeefilter aus Papier* — 86
KRÜMELFREIER KAFFEEGENUSS

14 *Hella – der erste Autoscheinwerfer* — 92
DIE LUXUS-LINSE AUS LIPPSTADT

15	*Die Jungfernfahrt der „Veeh 1"* **EIN DÜSSELDORFER UND SEIN TRAUM VOM FLIEGEN**	98
16	*August Wurring – kleine, feine Motorradschmiede aus Ratingen* **EIN LEBEN FÜR DAS MOTORRAD**	104
17	*Haribo – Bonns berühmte Bären* **EIN TANZBÄR AUS DEM HINTERHOF**	110
18	*Perga – die Flasche aus Papier* **EUROPAS ERSTE GETRÄNKEKARTONS VON JAGENBERG**	116
19	*„idell" – Kult-Leuchte aus Neheim* **LICHT FÜR DEN KOMMISSAR**	122
20	*Claas – Europas erster Mähdrescher* **„DANN MACHEN WIR ES EBEN ALLEIN"**	128
21	*Zwillings Küchenhilfe – ein Klassiker aus Solingen* **DIE SCHERE FÜR ALLE FÄLLE**	138
22	*Puky – ein Düsseldorfer Stahlhändler, dem alle Eltern vertrauen* **AUF LUFTREIFEN INS WIRTSCHAFTSWUNDER**	144
23	*Rimowa – von der Sattlerei zum Luxuskoffer-Hersteller* **REISEN MIT DEN RILLEN**	150
24	*Teekanne – mit dem Doppelkammer-Beutel auf den Weltmarkt* **EIN LEBEN FÜR DEN TEEBEUTEL**	156
25	*ALDI – Deutschland wird Discount-Land* **GANZ EINFACH, GANZ BILLIG**	162
26	*Heinz Nixdorf – der erste Kleincomputer fürs Büro* **DER COMPUTER-PIONIER AUS PADERBORN**	170
27	*Stereobelt – ein Aachener macht die Musik mobil* **SOUNDTRACK ZUM LEBEN**	174
28	*Thermomix® – das Multitasking-Küchenwunder* **WUPPERTALER TRADITIONSUNTERNEHMEN BRINGT HIGHTECH IN DIE KÜCHE**	180

VORWORT

Vor einigen Jahren bin ich für die WDR-Serie „Wir vor 100 Jahren" kreuz und quer durch Nordrhein-Westfalen gefahren. An Orte, die uns etwas über unsere Geschichte erzählen. Orte, wie jene halb verfallene Fabrikhalle in Köln, an deren Giebel man noch die Öffnung sehen kann, durch die einst eine Bahn fuhr, die an Schienen hing. Dort betrieb der Ingenieur Eugen Langen eine Teststrecke für das, was später in Wuppertal als Schwebebahn Technikgeschichte geschrieben hat. Nicht weit davon hat dieser Eugen Langen mit einem gewissen Nicolaus August Otto in Köln die erste Motorenfabrik der Welt gegründet. Ihr Otto-Motor hat die Welt verändert.

Geschichten wie diese ließen mich nicht mehr los. Ich habe nachgelesen, nachgehört, nachgeschaut. Und dann habe ich angefangen zu schreiben: vom nahtlosen Radreifen, der ein modernes Eisenbahnsystem erst möglich gemacht hat, erfunden in Essen. Vom ersten Waschmittel, das die Plackerei am Waschbrett überflüssig machte, erfunden in Düsseldorf. Vom ersten Mähdrescher Europas, der die Landwirtschaft in ein neues Zeitalter katapultierte, erfunden in Harsewinkel. Vom ersten modernen Autoscheinwerfer, erfunden in Lippstadt. Von einer chemischen Formel, mit der die ganze Welt heute ihren Kopfschmerz bekämpft, erfunden in Wuppertal.

Faszinierend war dabei nicht nur die Technik, die Erfindung selbst. Auch die Menschen dahinter, die Erfinder, die Tüftler, die Vermarktungskünstler haben mich interessiert. Was trieb sie an? Wie haben sie die vielen Rückschläge auf ihrem Weg weggesteckt? Hinter fast jeder dieser Erfindungen stecken auch Geschichten vom Scheitern, vom Immer-wieder-neu-Anfangen.

Und nicht immer stand am Ende das große Geld, der Ruhm, die Firma, die zum Weltkonzern wurde. Der Mann, der in Düsseldorf den Vorläufer des Radars erfunden hat – eine Technik, ohne die moderner Schiffs- und Flugverkehr gar nicht möglich geworden wäre –, musste aufgeben, weil seine Zeitgenossen die Sensation nicht erkannten, weil die Zeit noch nicht reif war für seine große Idee. Der Mann aus Aachen, der sich ein mobiles Musik-Abspielgerät ausgedacht hatte, musste Jahrzehnte kämpfen, um vom Erlös seiner Idee überhaupt etwas abzubekommen. Und über den Mann aus Ratingen, der Motorräder bauen konnte, von denen Kenner heute noch schwärmen, ging irgendwann einfach die Zeit hinweg.

Diese Geschichten und viele mehr will ich in diesem Buch erzählen. Herausgekommen ist dabei auch eine Zeitreise: Sie beginnt vor mehr als 200 Jahren, als sich ein Wuppertaler Textilhändler unter abenteuerlichen Umständen heimlich – weil streng verboten – moderne Technik aus England besorgt und damit die erste richtige Fabrik auf dem europäischen Kontinent baut. Und sie endet in der Gegenwart mit einer computergesteuerten Kochmaschine. Übrigens auch aus Wuppertal.

Auf dieser Zeitreise wird deutlich: Früher war vieles schlechter, härter und mühsamer. Das Reisen und das Waschen. Das Ernten und die Babypflege. Das Baden und das Backen. Die in diesem Buch vorgestellten Erfindungen haben das Leben leichter – und oft auch schöner – gemacht. Für die Menschen in Nordrhein-Westfalen und weit darüber hinaus! Viel Spaß bei der Lektüre.

Ihr Martin von Mausschwitz

Mähen, dreschen, Stroh binden:
Europas erster Mähdrescher

Ein Löschblatt, ein paar Löcher,
eine geniale Idee: der Kaffeefilter

Symbol eines Weltkonzerns:
der nahtlose Radreifen

Der Na
die meistgesc

Chemie statt schrubben:
das erste selbsttätige Waschmittel

...geschaut:
...Pille der Welt

Das Luftschiff hob ab –
die Firma nicht

Süße Tanzbären –
die Haribo-Story

01
1783/84

Cromford – die erste Fabrik des europäischen Kontinents

VOM SPINNRAD ZUR MASCHINE

Die Damen sind überwältigt – so etwas haben sie noch nicht gesehen: „Wasser dreht ein einziges großes Rad, welches alle anderen Räderwerke in Bewegung setzt in drei Zimmern eines über dem anderen …" Der Ort, an dem die elfjährige Luise von Mecklenburg-Strelitz, die spätere preußische Königin, samt Gouvernante und gräflicher Großmutter dieses ungeheure Räderwerk sehen, ist normalerweise für betriebsfremde Personen streng verboten. Wer hier arbeitet, muss sich schriftlich verpflichten, nichts über die Maschinen weiterzuerzählen. Aber für die adeligen Damen macht der Besitzer am 30. August 1787 eine Ausnahme. Die Damen sind in der **Baumwollspinnerei „Cromford"** vor den Toren der Stadt Ratingen bei Düsseldorf. Sie sind in der **ersten richtigen Fabrik, die es auf dem europäischen Kontinent gibt.**

WENN DIESE MASCHINEN LAUFEN, DANN IST DAS DIE LIZENZ ZUM GELDDRUCKEN.

Vier Jahre zuvor, im Herbst 1783, ist es dem Wuppertaler Kaufmann **Johann Gottfried Brügelmann** (1750–1802) endlich gelungen, seine Baumwollspinnmaschinen ans Laufen zu bekommen. Jahrelang hatte er an diesem Projekt gearbeitet, technische Rückschläge erlebt und viel Geld ausgegeben, aber er hatte immer gewusst: Wenn diese Maschinen laufen, dann ist das die Lizenz zum Gelddrucken. Und die sollte nun, da es endlich funktionierte, auch kein anderer bekommen. Von seiner Regierung ließ sich Brügelmann für zwölf Jahre das Privileg zuteilen, solch eine Baumwollspinnerei betreiben zu dürfen. Jedem Nachahmer drohten empfindliche Geldbußen – oder sogar Zuchthaus.

Die **Textilindustrie** war zu jener Zeit der **Vorreiter der beginnenden Industrialisierung:** Edmund Cartwright hatte 1785 die erste Webmaschine konstruiert. Plötzlich konnte in kurzer Zeit viel mehr Stoff hergestellt werden als früher. Nur: Das dazu erforderliche Garn wurde immer noch von Spinnerinnen von Hand hergestellt. Und die konnten mit dem Produktivitätssprung der Weber nicht mithalten, es fehlte Garn für die Webstühle. Diese Rohstoffknappheit ist als **„Garnhunger"** in die Industriegeschichte eingegangen.

In den 1920er-Jahren treibt eine Dampfmaschine die Maschinen an

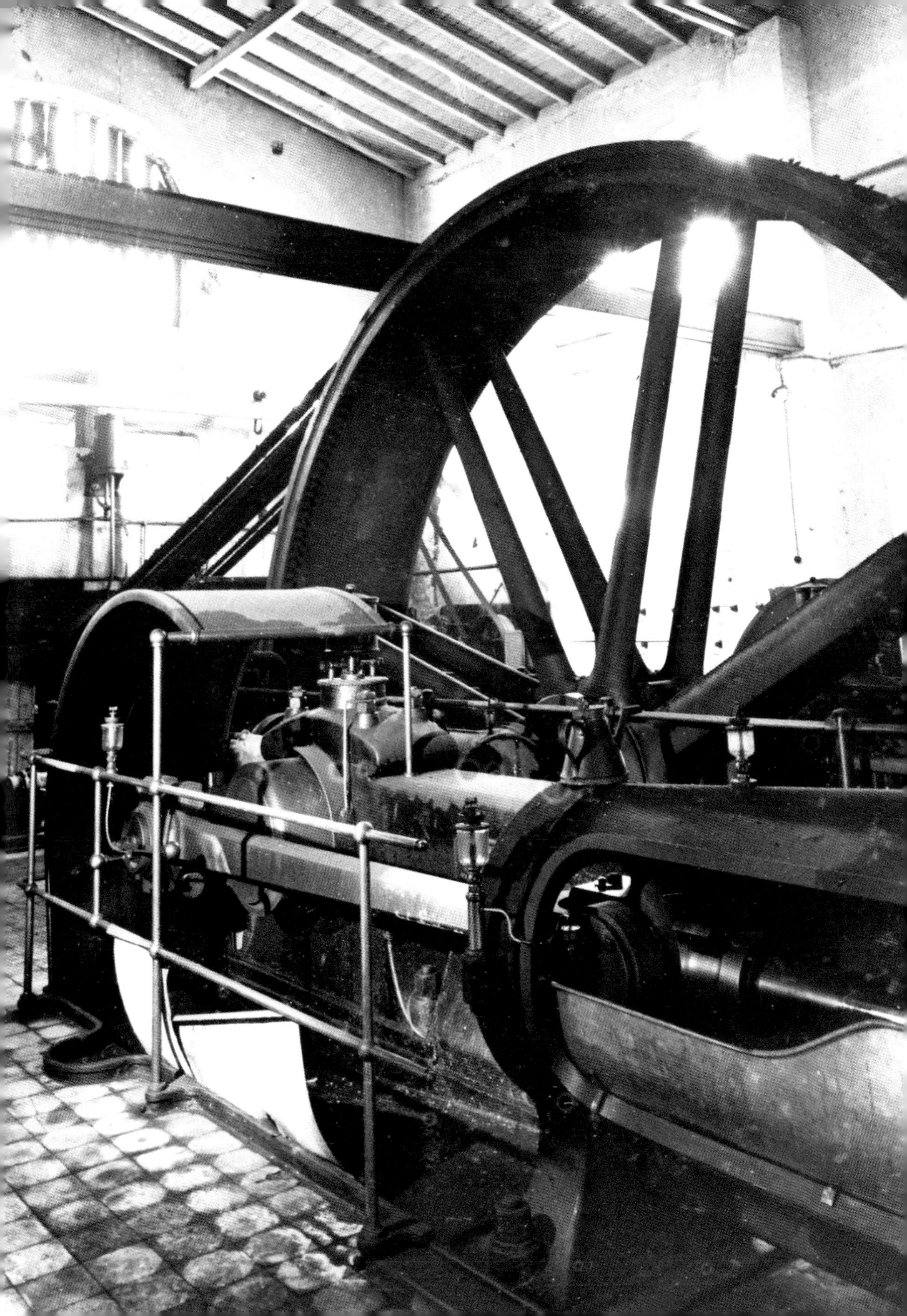

Brügelmann, dessen Familie im Textilhandel reich geworden war, erkannte die enormen Verdienstmöglichkeiten, wenn es gelänge, die Spinnerinnen durch eine Maschine zu ersetzen. Darauf setzte er. Nicht in der väterlichen Baumwollspinnerei und Leinenweberei im engen Wuppertal, wo er sich schon mit Lohnforderungen der Arbeiter herumschlagen musste. Nein, er hatte für sein Projekt ein Grundstück bei Ratingen erworben. Ideale Bedingungen: Er bekam Wasserrechte für das Flüsschen Anger, das sein Areal durchfloss. Und rundherum lebten statt „geldgieriger" Arbeiter wie in Wuppertal jede Menge arme Bauern und Handwerker mit ihren kinderreichen Familien. Die waren froh um jede Verdienstmöglichkeit, egal, wie schlecht die Bedingungen waren.

Und die Bedingungen sind richtig schlecht: Die Luft in den Räumen von Brügelmanns Fabrik ist staubig. Die vielen kleinen Baumwollfasern in der Luft schädigen die Lunge. Gearbeitet wird zwölf bis 14 Stunden am Tag. Und die allermeisten Mitarbeiter sind Kinder: Sie sind sechs bis 16 Jahre alt und bekommen nur einen Bruchteil des Lohns der Erwachsenen. Die Maschine hat das Baumwollspinnen halt „kinderleicht" gemacht ... Die Kinder müssen die Rohbaumwolle auspacken, reinigen, einsetzen, die Körbe mit dem Vorgarn von einer Maschine zur anderen tragen, gerissene Fäden wieder anknüpfen und schließlich volle Spulen abnehmen, leere Spulen aufstecken.

Der Mehrwert für den Fabrikbesitzer war riesig: **Eine Spinnmaschine ersetzte rund 150 Spinnerinnen.** Und in Brügelmanns Fabrik standen bis zu 20 Maschinen. Für ein Kilogramm Baumwollgarn brauchte eine Spinnerin 1000 Arbeitsstunden. Die Maschine schafft es in 25. Und dann war das **maschinell gesponnene Garn** auch noch von **besserer Qualität,** es war gleichmäßiger als das von Hand gesponnene Garn – für die maschinelle Weiterverarbeitung auf mechanischen Webstühlen ein unschätzbarer Vorteil.

WER HAT'S ERFUNDEN?

Brügelmann hat das alles nicht erfunden – und auch keiner seiner Facharbeiter. Die Geschichte seiner Fabrik ist auch ein **Wirtschaftskrimi:** Er beginnt in dem kleinen Ort Cromford in Derbyshire, England. Dort lässt sich der englische Perückenmacher Richard Awkright 1769 die **„Waterframe"**

Die Eisenbahn ist wichtigstes Transportmittel *1949 ist die Weberei Cromford noch zerstört*

patentieren, die **erste vollmechanische, nicht mehr von Menschenhand angetriebene Baumwollspinnmaschine der Welt.** Zwei Jahre später steht seine Fabrik.

England, das Mutterland der Industrialisierung, versucht seinen technologischen Vorsprung mit allen Mitteln zu verteidigen. Es herrscht ein striktes Exportverbot. Aber Brügelmann brauchte diese Maschine, koste es, was es wolle. Zwölf Monate lang bezahlte er einen Mechaniker aus dem Siegerland, der ihm die Maschine nachbauen sollte – ohne Erfolg. Dann schickte er den befreundeten Textilunternehmer **Carl Albrecht Delius** (1827–1915) als **„Reisenden in Sachen Maschinisierung"** nach England. Man könnte auch sagen: als **Industriespion.** Was nach dessen Informationen gebaut wurde, funktionierte allerdings zunächst nicht.

England versucht seinen technischen Vorsprung mit allen Mitteln zu verteidigen.

Delius musste noch einmal ran und fand die Lösung, und die hieß **William Hirhs.** Ein Industriemeister aus England, der auf irgendeinem dunklen Weg – möglicherweise mit einem Schmugglerschiff – auf den Kontinent kam. Delius brachte ihn nach Ratingen. Hirhs gelang es schließlich, die Brügelmann'schen Maschinen so einzurichten, dass sie tatsächlich

Vom Spinnrad zur Maschine

endlich brauchbares Garn lieferten. Der Mann konnte nach dem „Verrat" natürlich nicht mehr zurück und Brügelmann musste ihm eine Lebensstellung bieten. Immerhin: Der **Produktpirat vom Rhein** benannte seine Fabrik nach dem Ort, aus dem er sich die Erfindung „besorgt" hatte: Cromford.

Brügelmann, durch das fürstliche Privileg abgesichert, konnte mit seinen technischen Facharbeitern Verträge auf Lebenszeit schließen, die den Arbeitern untersagten, jemals bei irgendeiner Konkurrenz anzuheuern.

EIN LEBEN FÜR DIE FIRMA: WER ZUR KONKURRENZ GEHT, WIRD BESTRAFT.

Darauf standen harte Strafen und strafbar war es auch, diese Leute überhaupt abzuwerben. Man stand eben erst am Beginn der Industrialisierung und Techniker wie Ingenieure gab der Arbeitsmarkt noch gar nicht her.

Der Kaufmann Brügelmann, nun erfolgreicher Fabrikant, hatte erreicht, was er wollte. Und das genoss er auch: In einer Art bürgerlichem Schloss gleich neben der Fabrik residierten er und seine Familie im Stile des französischen Adels mit Parkanlage und Dienerschaft, während keine 100 Meter entfernt ganze Familien für Hungerlöhne 72 Stunden und mehr in der Woche im Staub der Baumwollfasern schufteten.

Das Herrenhaus des Fabrikanten

Cromford – die erste Fabrik des europäischen Kontinents

… UND HEUTE?

Cromford wuchs von der „Alten Fabrik" zu einem immer größeren Textilunternehmen. Neue Gebäude entstanden, Dampfmaschinen ersetzten das Wasserrad, neue Teilhaber brachten neues Kapital und neue Geschäftsfelder ein: Cromford bekam eine Weberei mit vollmechanischen Webstühlen. Als eine der ersten Fabriken im Rheinland bekam Cromford große Shedhallen, die später in ganz Europa die Industrie-Architektur prägen sollten. Dennoch: Cromford in Ratingen blieb ein eher mittelständischer Betrieb und war so auf Dauer nicht konkurrenzfähig. In den 1970er-Jahren schließlich führt die Billigkonkurrenz aus Fernost zum völligen Niedergang der Textilindustrie in Deutschland. Der einstige Vorreiter der Industriegesellschaft hat hier keinen Platz mehr. 1977 muss die „Joh. Gottfr. Brügelmann GmbH u. Co KG" schließen. Nach fast 200 Jahren.

Wo die Shedhallen standen, entsteht ein gutbürgerliches Wohngebiet. Das Brügelmann'sche Herrenhaus aber bleibt – samt Parkanlage. Im Gartensaal bietet das Ratinger Standesamt heute Trauungen an: Heiraten in feudalem Fabrikanten-Ambiente.

Und auch das Herz von Cromford, die erste Fabrik, schlägt seit 1996 wieder: als Industriemuseum des Landschaftsverbands Rheinland. Es ist ein kleines bisschen wie damals: Um die „Waterframe" noch einmal zu bauen, muss ein Mann aus England kommen, der vielleicht Einzige, der sich noch auf diese Technik versteht. Die erste Fabrik Kontinentaleuropas wird rekonstruiert und so können sich Besucher heute die „Waterframe" vorführen lassen: das Räderwerk, das die adligen Damen 1787 so beeindruckte.

Vom Spinnrad zur Maschine

02
1799

4711 – Eau de Cologne

LEGENDEN, LEGENDEN

Wer in der Welt der großen Marken und Produktikonen nach Dingen sucht, die aus Nordrhein-Westfalen stammen, der wird ganz sicher früher oder später auf die **Molanus-Flasche** stoßen. Benannt nach ihrem Erfinder, **Peter Heinrich Molanus**. Berühmt für ihren Inhalt: **„4711 Echt Kölnisch Wasser"**.

Ein Markenartikel, seit fast 200 Jahren. Die eckige Flasche mit dem Wulst am Flaschenhals, später dann mit dem charakteristisch verschnörkelten Etikett in Blau und Gold, entstand in den 1820er-Jahren aus eher praktischen Gründen: Mit den geraden Seiten ließ sich die Flasche besser stapeln, die Etiketten besser kleben. Der Wulst, der eigentlich „Kropf" genannt wird, sorgt dafür, dass sich der Alkohol in der Flasche bei Wärme ausdehnen kann.

Der Flascheninhalt ist eigentlich unspektakulär: Alkohol, darin aufgelöst einige ätherische Öle von Bergamotte, Zitrone, Orange, Neroli, Petitgrain, zwei Öle aus Zitruspflanzen, Lavendel und Rosmarin. Die genaue Mixtur ist natürlich geheim – bis heute. Ein Eau de Cologne, wie es damals viele gab. Aber nicht der besondere Duft machte aus „4711" das Wasser, das die allermeisten Konkurrenzprodukte überdauerte. Es war die Marke mit der Hausnummer. Der **Kölner Kaufmann Wilhelm Mülhens** (1762–1841) hatte wohl als Erster begriffen, dass mit Duftwässern auch ein Image, eine Legende, ein Name verkauft wird. Mochten andere Parfümeure die Nase in ihre Essenzen stecken, Mülhens hatte die Nase fürs Geschäft. Noch 1797 steht im Adressbuch hinter seinem Namen: „in Speculations-Geschäften". Das war seine Branche, als er ins Duftwasser-Business einstieg. Wie er dazu kam? Mülhens selbst verbreitete folgende Legende: Am 8. Oktober 1792, seinem Hochzeitstag, überreicht ihm der Karthäusermönch Franz Maria Carl Gereon Farina aus alter Freundschaft das **Geheimrezept für ein „aqua mirabilis"**, ein belebend duftendes Heilmittel. Einige Jahre später mischt Mülhens mit beim großen Geschäft mit Kölnisch Wasser. Und dafür war der Name „Farina" Gold wert, denn er hatte in der Parfümwelt einen Klang wie heute vielleicht

NICHT NUR DER DUFT, AUCH DIE STORY IST WICHTIG. WILHELM MÜHLENS LIEFERT SIE.

Nº 4711.
Die Weltmarke

„4711" STATT „FARINA" – WIE AUS DER NIEDERLAGE EIN ERFOLG WIRD.

„Chanel". Das lag aber nicht an dem obskuren Karthäusermönch. Vielmehr hatte einst ein **Johann Maria Farina** (1685–1766) die Stadt und den Rest der Parfümwelt mit einem Duft begeistert, der verglichen mit den schweren, moschuslastigen Parfüms jener Zeit völlig neu wirkte: leicht, frisch, belebend. Es gilt als das **erste moderne Parfüm der Welt.** Farina nannte seinen Duft **„Farina Original Eau de Cologne".**

Für die Konkurrenz war Mülhens mit seinem „Echt Kölnisch Wasser – Franz Maria Farina Glockengasse 4711" nur ein **Produktpirat.** Jahrzehntelang stritt man vor diversen Gerichten um die Namensrechte. Am 27. April 1881 erlitt die Familie Mülhens eine entscheidende Niederlage: Das Königliche Oberlandesgericht zu Cöln entschied: Ferdinand Mülhens, Enkel des Firmengründers und mittlerweile Geschäftsführer, durfte den Namen „Farina" nicht mehr benutzen.

Was blieb Ferdinand Mülhens anderes übrig, als nun ganz auf den Namensbestandteil „4711" zu setzen, die Hausnummer des Stammhauses der Firma in der Glockengasse. Um diese Nummer und ihre Darstellung auf den Etiketten hatte Mülhens auch schon eine schöne Legende gestrickt: Während der französischen Besatzungszeit soll ein schmucker Reiter der französischen Armee durch die Gasse gekommen sein und im Namen Napoleons mit einem Pinsel die 4711 samt Kringel drum herum an die Hauswand gepinselt haben. Einige Historiker glauben: Den Reiter hat es nie gegeben, die Nummer immerhin war echt.

Die Niederlage vor Gericht wurde zu Mülhens größtem Sieg. Eine Marke war geboren, nur aus einer Nummer. Das gab es auf der Welt kein zweites Mal.

WER HAT'S ERFUNDEN?

Der Gerichtsentscheid konnte vielleicht die Namensrechte klären, den Streit um die Erfindung des Original Kölnisch Wasser nicht. Um 1700 herum kommt ein gewisser **Giovanni Paolo de Feminis** (um 1660–1736) aus Italien nach Köln. Im Gepäck hat er das Rezept für ein „aqua mirabilis", angeblich ein Heilwasser nach der Geheimrezeptur einer Klosteräbtissin aus Florenz. Die Heilwirkung lässt sich Feminis per Gutachten von der medizinischen Fakultät der Universität Köln bestätigen und benennt das Wasser schließlich nach seiner neuen Heimat „aqua coloniensis". So was kommt ja bei den Kölnern immer gut an. Feminis blieb kinderlos, sein Geschäft erbten seine Neffen, die Farinas. Und hier setzt die nächste **Eau-de-Cologne-Legende** ein: Johann Maria Farina soll ein sehr begabter Parfümeur gewesen sein. Sein neuer Duft muss ein Riesenerfolg gewesen sein, denn plötzlich wollte jeder, der mit Duftwasser handelte, irgendwie „Farina" sein.

Und hier kommt der Mann aus der Glockengasse 4711 ins Spiel. Der trumpft nicht nur mit dem angeblichen Geheimrezept des ominösen Farina-Mönchs auf, er holt sich auch gleich einen Farina als Teilhaber in die Firma. „Farina" ist italienisch, bedeutet schlicht „Mehl" und war als Nachname in der italienischen Community im Rheinland nicht so selten. Zweck der Übung: Auch auf Mülhens Eau-de-Cologne-Etikett prangt jetzt dank des neuen Teilhabers Franz Maria Farina (angeblich sogar aus einer Düsseldorfer Farina-Linie!) der werbewirksame Name.

In der Folge erleben wir eine wahre Farina-Explosion in der Stadt: Zeitweise soll es Dutzende Parfümeure mit dem verkaufsfördernden Namen „Farina" gegeben haben. Mülhens wirft man vor, mit den auf so zweifel-

Das Dufthaus in der Glockengasse

hafte Weise erworbenen Namensrechten auch noch einen schwunghaften Handel betrieben zu haben.

Der Namensstreit ist noch in vollem Gange, da bedroht ein anderer die Geschäfte der Kölner Eau-de-Cologne-Manufakturen: Napoleon. Der ist die Quacksalberei mit angeblichen Heilmitteln leid und ordnet 1810 an: Jeder, der ein innerlich anzuwendendes Heilmittel verkauft, muss die Rezeptur offenlegen. Doch er macht die Rechnung ohne die Kölnisch-Wasser-Hersteller. Die deklarieren ihre Wässerchen einfach um: Vom Heilwasser, verdünnt in Wein oder Fleischbrühe zur inneren Belebung zu trinken, wird Eau de Cologne zum reinen Duftwasser, nur äußerlich anzuwenden. Und die Rezepte blieben geheim.

NAPOLEON ORDNET 1810 DIE OFFENLEGUNG DER REZEPTUR AN.

„4711" wuchs zur Weltmarke, zur Nummer eins unter den Eau de Colognes und zog aus der Glockengasse in ein modernes Firmenareal im Kölner Stadtteil Ehrenfeld. Die Mülhens aber stritten sich weiter vor Gericht. Nach 1881 nicht mehr um den Namen „Farina", sondern um ihre neue Marke „4711". Es dauerte, bis die Gerichte überzeugt werden konnten, dass auch eine schlichte Hausnummer ein geschütztes Markenzeichen sein konnte. Und was für eins.

Viel Platz für Legenden: Das Dufthaus inszeniert die berühmte Hausnummer

4711 – Eau de Cologne

... UND HEUTE?

1994 verkaufte die Familie Mülhens das Traditionsunternehmen. Zwölf Jahre später kaufte das Stolberger Dufthaus Mäurer & Wirtz die Markenrechte und das Haus in der Glockengasse, das zu einem der **beliebtesten Touristenziele in Köln** wurde.

Dass es nur ein Nachbau ist, wen stört das schon, wenn hier das „Echt Kölnisch Wasser" für Besucher mit viel Blau und Gold inszeniert wird? Und dass der Duft von „4711" heute eher ein Alte-Damen-Image hat, fällt auch nicht ins Gewicht, wenn die Molanus-Flasche als Souvenir in Köln gekauft und dann irgendwo in der Welt ins Regal gestellt wird.

Legenden, Legenden

03

1851

Krupps nahtloser Radreifen – ein Meilenstein der neuen Zeit

DER HERR DER DREI RINGE

Deutschland, Mitte des 19. Jahrhunderts. Die Industrialisierung ist in vollem Gang. Das Leben wird schneller. Menschen, die früher oft ein Leben lang nur bis zum Nachbardorf kamen, können plötzlich in nie gekannter Geschwindigkeit weite Strecken überwinden. Güter, bisher nur mühsam in kleinen Mengen auf Pferdefuhrwerken oder in Lastkähnen befördert, lassen sich auf einmal in großen Mengen schnell transportieren. Möglich macht das ein **völlig neues Verkehrsmittel,** das sich jetzt in ganz Deutschland verbreitet: **die Eisenbahn.**

DIE NEUE EISENBAHN HAT EIN PROBLEM: DIE RÄDER BRECHEN

Noch steckt das Netz in den Kinderschuhen, aber überall im Reich werden jetzt Schienen verlegt: **1845** ist das erste Teilstück der **Köln-Mindener Eisenbahn** fertig. Es führt vom Kölner Vorort Deutz nach Düsseldorf, ein gutes Jahr später schon bis nach Dortmund. Mit dem Schienennetz der Köln-Mindener Eisenbahn soll der Westen einmal Anschluss an Preußens Hauptstadt Berlin und die Seehäfen im Norden bekommen. **Aufbruchstimmung.**

Aber noch hat die **Rad-Schiene-Technik** eine entscheidende Schwäche: den Radreifen. Der äußere Teil des Rades, der direkt auf der Schiene liegt. Er wird aus einem gebogenen Stück Stahl hergestellt, dessen beide Enden verschweißt werden. Und diese Schweißnaht ist eine Schwachstelle. Immer wieder brechen die Räder an der Naht, die Züge entgleisen.

Die Lösung des Radproblems beginnt 1851: In Essen hat ein Mann eine Idee, die, wie die meisten richtig guten Ideen, so einfach klingt, dass man sich hinterher fragt: Warum ist man nicht längst drauf gekommen? Der Mann lässt einen Stahlrohling in der Mitte aufsägen. Mit Keilen und Hammerschlägen weitet er die entstandene Lücke so lange, bis eine runde Form entsteht, die man dann zu einem kreisrunden Ring schmieden kann. Keine Schweißnaht stört mehr den Radlauf.

Was so einfach klingt, muss aber noch mühsam bis zur Serienreife entwickelt werden. Erst Jahre später geht der **nahtlose Radreifen** in die Massenfertigung. Seine Erfindung macht die Eisenbahn erst schnell und sicher – sie ist ein echter **Meilenstein auf dem Weg in die industrielle Zukunft.**

Keine Schweißnaht, keine Schwachstelle:
Krupps wichtigste Erfindung.

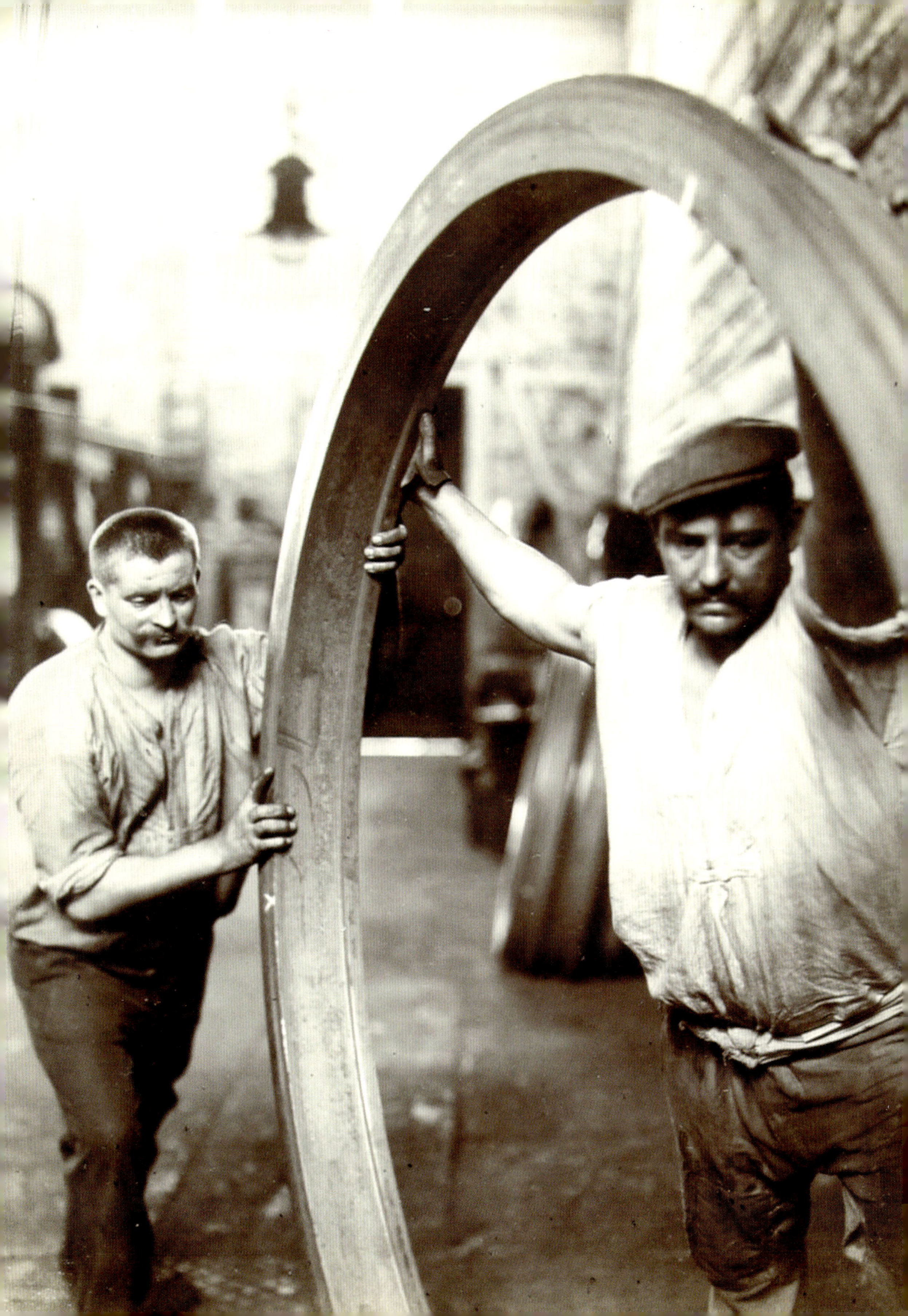

Für die Firma des Erfinders bedeutet sie den Durchbruch: neue Aufträge, neuer Umsatz und: Wachstum. Drei übereinandergelegte nahtlose Radreifen werden später zum Zeichen des Unternehmens. **Alfred Krupp** (1812–1887) ist jetzt der **Herr der Ringe.**

WER HAT'S ERFUNDEN?

Es hätte alles auch ganz anders kommen können: Am 8. Oktober 1826 stirbt Unternehmensgründer Friedrich Krupp in Essen mit nur 39 Jahren. Seinem Sohn Alfred hinterlässt er eine Gussstahlfabrik, die kurz vor der Pleite steht. Sie hat keine zehn Mitarbeiter mehr und einen Berg von Schulden. **Alfred Krupp** ist erst 14. Er verlässt die Schule und steigt ins Unternehmen ein. Wenig deutet darauf hin, dass dieser Junge **eine der wichtigsten Unternehmerpersönlichkeiten der deutschen Geschichte** werden wird.

Krupp lernt schnell, was er zur Unternehmensführung braucht, und ist bis zur Verbissenheit ehrgeizig – er ist einer, der nie aufgibt. Und die Zeiten sind gut für Leute wie ihn: Die Dampfmaschine treibt die Industrialisierung an. Die neuen Maschinen brauchen hochwertige, belastbare Teile, **Stahl ist der Werkstoff der neuen Zeit.** Und Krupp weiß, wie man Stahl erst gießen und dann formen kann. Er liefert Walzen, später ganze Walzwerke. Spezialwalzen für die neuen Webstühle kommen dazu. Zum ersten Mal macht Alfred Krupp Gewinne. Außerdem würde er gern das Militär davon überzeugen, dass seine Stahlkanonen besser sind als die alten Geschütze aus Eisen und Bronze. Doch bei der Armee vertraut man lieber auf die alte Technik – noch.

Als einer der Ersten erkennt Krupp, was für ein Riesengeschäft sich mit dem neuen Verkehrsmittel Eisenbahn machen lässt. Auch hier ist Stahl das

Von der kleinen Gussstahlfabrik zum Weltkonzern: Krupps wächst

Der Herr der drei Ringe

Zauberwort: Die Köln-Mindener Eisenbahngesellschaft bestellt bei ihm 2400 Tragfedern, 400 Stoßfedern, 325 Achsen. Die Firma wächst. Nun will er mit seiner neuesten Erfindung, dem Radreifen, Kasse machen.

Doch Krupp hat einen **Erzrivalen,** nur wenige Kilometer westlich von Essen: **Jacob Mayer** in Bochum. Dessen **„Gußstahlfabrik Mayer und Kühne",** später „Bochumer Verein", kann, was nur wenige zu der Zeit beherrschen: **Stahlformguss.** Dazu wird flüssiger Stahl direkt in die Form gegossen, die das Werkstück haben soll. Ein technisch äußerst anspruchsvolles Verfahren – bis heute. Darauf hat Mayer ein Patent. Und nun will er Krupp auch noch bei dessen neuem Paradestück, dem nahtlosen Radreifen, Konkurrenz machen. Mit seinem Formguss bekommt der Bochumer jetzt auch Radreifen nahtlos hin. Krupp muss seine Preise senken, um im Geschäft zu bleiben. Und er bietet an: 20.000 Meilen Laufleistung, garantiert.

KAMPF DER STAHLRIVALEN.

Der Streit der beiden **Stahlrivalen** eskaliert auf der **Weltausstellung 1855:** Mayer präsentiert der staunenden Fachwelt drei riesige Kirchenglocken, aus Gussstahl direkt in eine Form gegossen. Krupp bezweifelt öffentlich, dass so etwas überhaupt möglich ist. Mayer bricht aus einer Glocke ein Stück heraus, schmilzt es ein und formt es erneut. Das konnte nur gelingen, weil es eben wirklich aus Stahl war. Krupp ist vor aller Welt blamiert.

Und doch gewinnt am Ende **Krupp:** Er ist der **bessere Verkäufer.** Er zieht die Aufträge an Land, beliefert sogar die stark wachsende Eisenbahnindustrie in den USA. Krupps Radreifen haben die besseren Materialeigenschaften und sind am Ende billiger in der Herstellung. Bis zum Ersten Weltkrieg wird der Fabrikant aus Essen 2,75 Millionen Radreifen in alle Welt geliefert haben.

Im Walzwerk entstehen Krupps neue Radreifen

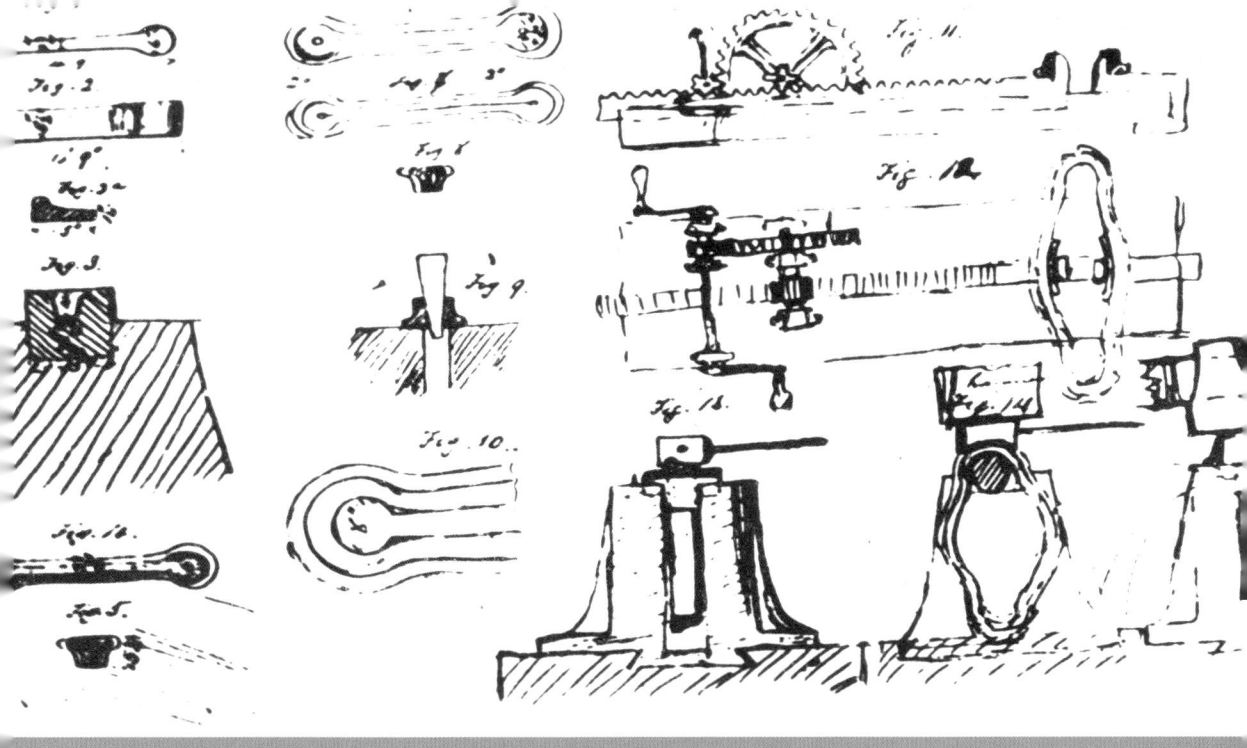

So könnte es gehen: Skizzen für den neuen Radreifen

... UND HEUTE?

Das mit den Kanonen hat ja dann auch noch geklappt. Sie und die Radreifen sind die Grundlage eines Stahlimperiums: Krupps Werk wird zu einer eigenen Stadt in der Stadt und in Essen wird Krupp das alles bestimmende Unternehmen. Die Familie residiert ab 1873 in der riesigen Villa Hügel oberhalb des Ruhrtals. Fürsten der Neuzeit. Der deutsche Kaiser fährt hier vor, Hitler auch. Sie alle brauchen Krupps Stahl, Krupps Kanonen für ihre Kriege.

Die Geschichte des Unternehmens Krupp spiegelt die deutsche Geschichte des 20. Jahrhunderts: den Glanz wirtschaftlicher Erfolge, das Elend des Krieges, das Unrecht der Nazi-Herrschaft. In Krupps Fabriken schuften Tausende Zwangsarbeiter und KZ-Häftlinge. 1948 wird Alfried Krupp von Bohlen und Halbach im Nürnberger Kriegsverbrecher-Prozess verurteilt. Doch schon bald lassen ihn die Amerikaner frei. Die Beschlagnahme seiner Firma wird auch rückgängig gemacht. Der Wiederaufbau kann beginnen. So wächst Krupp im Nachkriegsdeutschland noch einmal, bis in den 1970er-Jahren der Niedergang der Schwerindustrie im Ruhrgebiet beginnt.

1967 stirbt mit Alfried Krupp von Bohlen und Halbach der letzte Unternehmenslenker der Familie. Der Krupp-Konzern wird in eine Stiftung überführt, fusioniert 1999 mit Thyssen und wird nun aus Düsseldorf verwaltet. 2010 schließt sich der Kreis: Thyssen-Krupp bezieht sein neues Hauptquartier – wieder in Essen, dort, wo Alfred Krupp mit seinem Radreifen alles ins Rollen brachte.

Essen. Als Marke ist eingetragen unter Nr. 1 zu der Firma **Fried. Krupp** in Essen zufolge Anmeldung vom 6. Dezember 1875, Mittags 12 Uhr, für „Stahl und Eisen, sowie Stahl- und Eisenwaaren" das Zeichen:

Essen, den 9. Dezember 1875.
Königliches Kreisgericht. I. Abtheilung.

04
1876

Der Otto-Motor — Viertakter aus Köln-Deutz

MIT 3 PS IN EINE NEUE WELT

Wir steigen ins Auto, drehen den Schlüssel oder drücken einen Startknopf, der Motor startet, das Auto fährt. Das ist so alltäglich, dass wir es kaum registrieren. Und kaum jemand verschwendet einen Gedanken daran, was da eigentlich gerade unter der Motorhaube passiert.

Es ist immer noch das, was Nicolaus August Otto (1832–1891) 1876 in Köln-Deutz erfunden hat: Ein Ventil öffnet sich. Ein Gemisch aus Luft und Brennstoff strömt in einen Zylinder, angesaugt von einem Kolben, der im Zylinder nach unten fährt. Nun fährt der Kolben wieder hoch, drückt dabei das Gas zusammen. Es wird entzündet, die Explosion drückt den Kolben nach unten. Der Kolben fährt erneut hoch und drückt die Abgase durch ein zweites Ventil aus dem Zylinder – und alles beginnt wieder von vorn: ansaugen – verdichten – verbrennen – ausstoßen. Die Erfindung des Viertakt-Motors ist der entscheidende Schritt auf dem Weg zu einem selbstfahrenden Wagen, dem Automobil.

NICOLAUS AUGUST OTTO

Ottos Motor ist allerdings noch nicht mobil: Er ist an eine Gasleitung angeschlossen. Noch fehlt für den Benzinmotor die Zündkerze, aber auch daran wird er noch arbeiten. Jetzt ist er erst mal froh, dass die ganze Sache überhaupt funktioniert. Als Otto am 9. Mai 1876 die Daten seines Motors auf einem Blatt Papier skizziert, bricht eine neue Zeit im Motorenbau an. Der Clou ist die Verdichtung, denn die gibt es bisher nicht. Sie macht diesen Motor stärker als alle anderen: 3 PS bei 180 Umdrehungen in der Minute. Was heute armselig erscheint, war damals eine Sensation. Die bisherige Motortechnik schaffte maximal 1 PS – Otto hatte die Motorkraft mit einem Schlag verdreifacht. Jetzt wurde der Gasmotor in der Industrie ganz anders nutzbar.

Für Ottos Firma, die „Gasmotorenfabrik-Deutz AG" vor den Toren Kölns an der Landstraße zwischen Deutz und Mülheim, brechen nun goldene Zeiten an. Seine Erfindung wird 1877 im gerade erst gegründeten Kaiserlichen Patentamt in Berlin angemeldet. Patent-Nummer 532. Die Deutz AG baut die Maschine sofort in Serie und verkauft sie als „Ottos neuer Motor". Er wird in Tausenden von Fabriken in Deutschland und im Ausland Maschinen antreiben.

Die Viertakt-Idee setzt sich durch: Motoren-Produktion in Deutz 1875 (oben) und 1910 (unten)

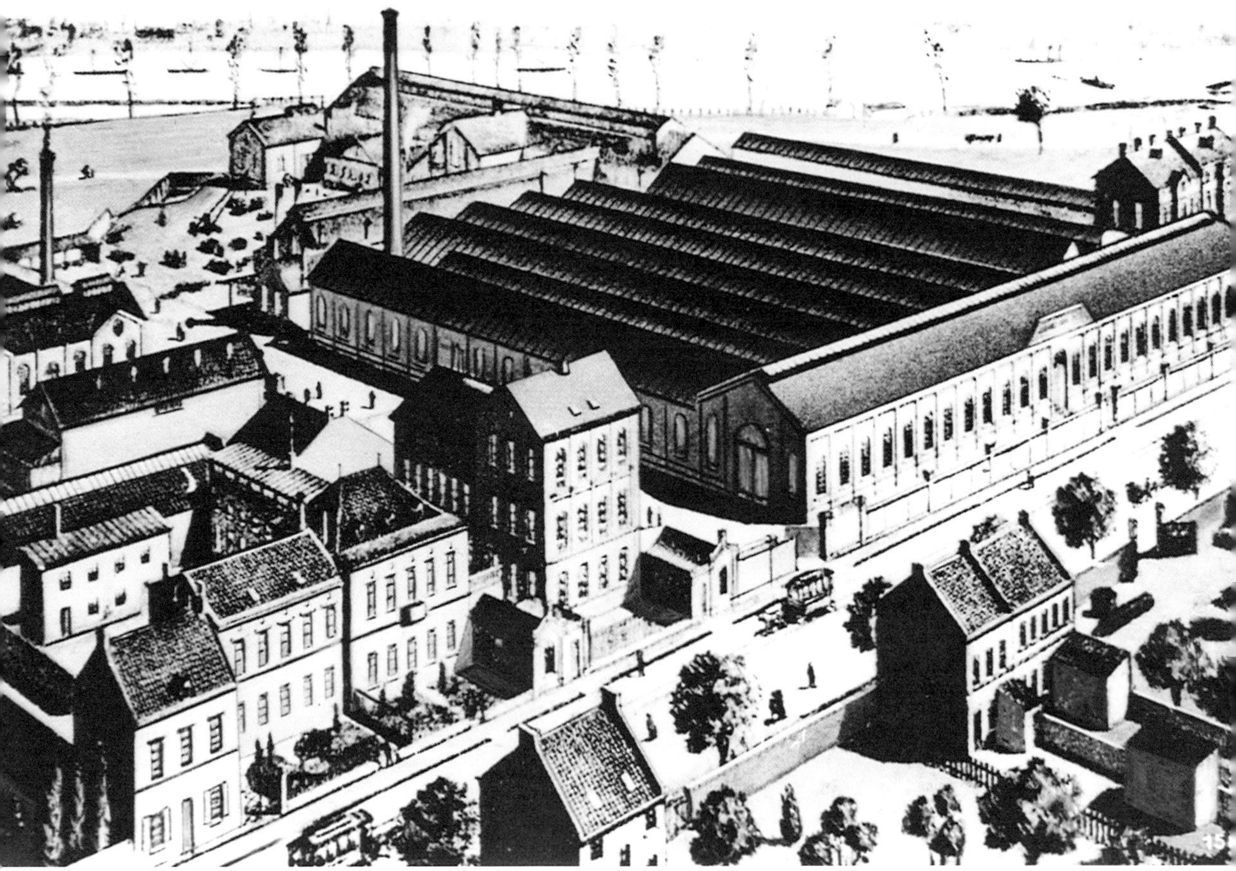

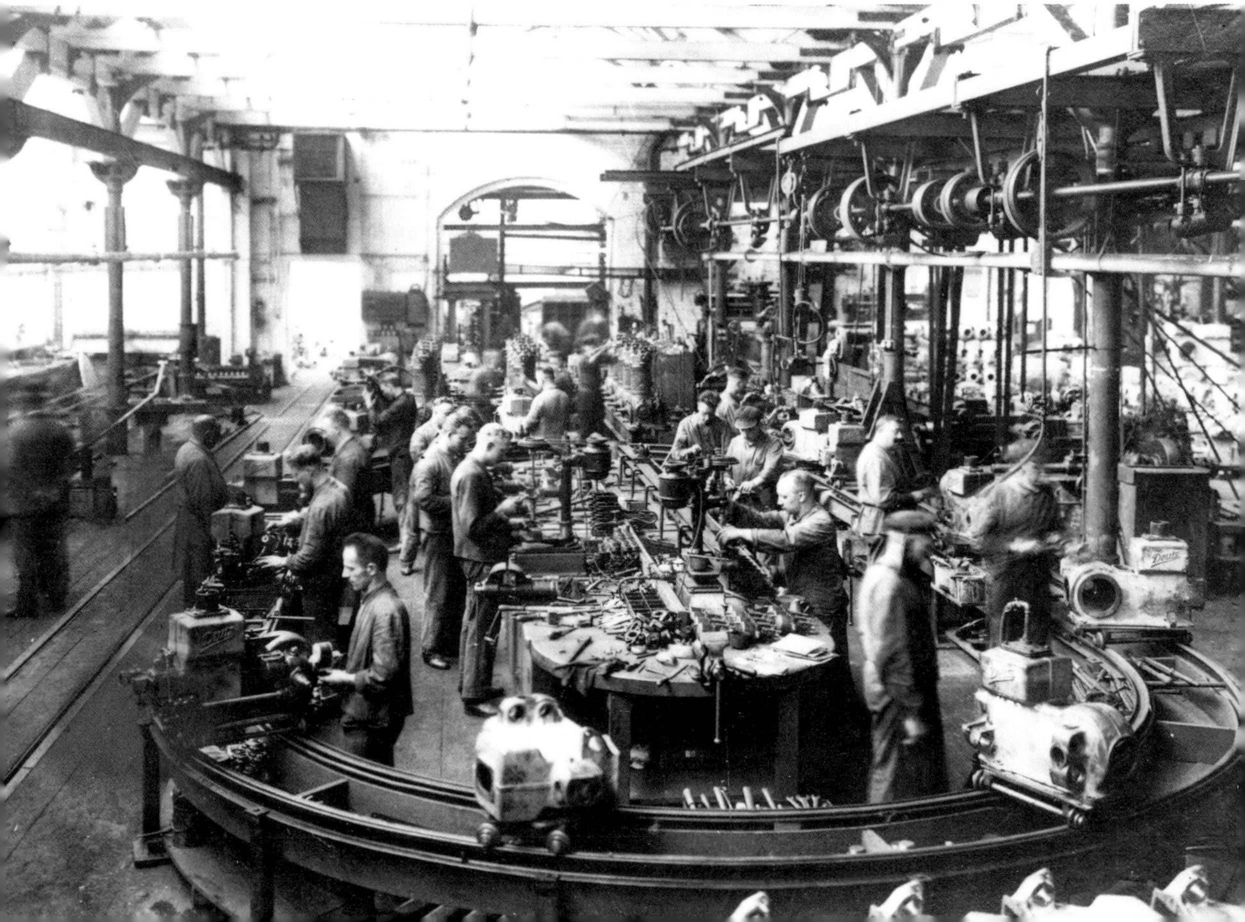

Als Maschinenbau noch Handarbeit war: Motorenmontage 1910

Als Otto 1884 auch noch die elektrische Niederspannungsmagnetzündung erfindet, ist der Weg frei für einen Benzinmotor. Zwei Jahre später wird Carl Benz in Mannheim den „Motorwagen Nr. 1" bauen – das erste Auto der Welt, angetrieben von einem Viertakt-Motor.

WER HAT'S ERFUNDEN?
Dass Otto entscheidenden Anteil an der Erfindung des Motors hat, wie wir ihn heute kennen, das bescheinigte ihm die Ingenieurswelt erst lange nach seinem Tod: 1936 beschließt der Verein Deutscher Ingenieure (VDI), diese Art Motoren „Otto-Motor" zu nennen – zu Ehren des Mannes, der selbst nie Ingenieur war. Wie konnte ein gelernter Kaufmann, einer, der keine technische Ausbildung hatte und nie eine Universität von innen gesehen hatte, zu einem der wichtigsten Erfinder der Technikgeschichte werden?

Nicolaus August Otto wird 1832 im Taunus geboren. Er ist das jüngste von sechs Kindern. Sein Vater stirbt noch im selben Jahr. An eine höhere Bildung ist unter diesen Umständen nicht zu denken. Der junge Otto macht eine **Kaufmannslehre,** geht erst nach Frankfurt, dann nach Köln. Als Handlungsreisender für Kolonialwaren. Hier lernt er seine spätere Ehefrau Anna Gossi kennen. Beim Karneval – das soll in dieser Stadt ja vorkommen. Zehn Jahre wird Anna warten, bis Otto beruflich so weit ist, dass geheiratet werden kann.

Denn ihr geliebter Handlungsreisender hat eine teure und zeitraubende Nebenbeschäftigung: Mit seinem Bruder Wilhelm bastelt er an einem neuartigen Motor. In Frankreich hat Étienne Lenoire einen Gasmotor erfunden. Die Ottos lassen sich ein Modell kommen. Der Lenoir'sche Motor aber ist – das erkennen die beiden schnell – für die praktische Anwendung ziemlich untauglich: Wenig Leistung, riesiger Gasverbrauch und die Stöße der Gasexplosionen im Zylinder zerstören das Material. Dennoch sind die Brüder vom Prinzip „Verbrennungsmotor" fasziniert. 1861 reichen sie ein Patent für einen mit Spiritus betriebenen Motor ein, aber das Patent wird abgelehnt. Nichts wirklich Neues, findet das preußische Handelsministerium. Bruder Wilhelm gibt auf.

Nicolaus August Otto setzt nun alles auf eine Karte: Er kündigt seinen Job als Handlungsreisender, ist jetzt nur noch in der Werkstatt. Von da an ist es ein Wettlauf gegen die Zeit, denn Ottos finanzielles Polster ist nicht allzu groß. Da lernt er Eugen Langen (1833–1895) kennen, und das ist sein Glück. Langen, der später die Wup-

EUGEN LANGEN INVESTIERT IN OTTOS VISION.

Mit 3 PS in eine neue Welt 31

pertaler Schwebebahn erfinden wird, ist Sohn eines Zuckerfabrikanten, Unternehmer und ausgebildeter Ingenieur. Und Geld bringt er auch mit. Gemeinsam gründen sie 1864 die Firma „N. A. Otto & Cie.". In der Servasgasse in der Kölner Altstadt ist ihre Werkstatt.

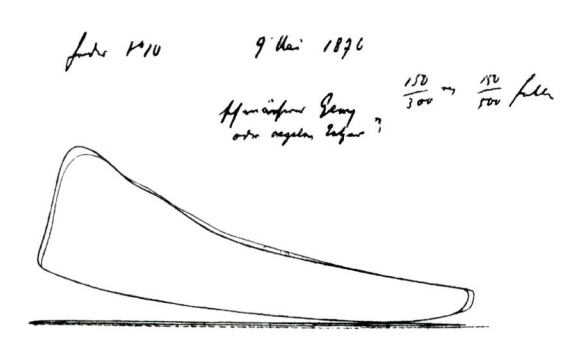

In dieser Altstadtgasse gelingt der erste große Coup: Die Geschäftspartner konstruieren Lenoirs Gasmotor so um, dass sie die Kraft der Explosionen mechanisch in den Griff bekommen. Angenehmer Nebeneffekt: Der Motor verbraucht nur noch ein Drittel des bisher benötigten Brennstoffs. Als Otto und Langen den Motor 1867 auf der Weltausstellung in Paris der Fachwelt präsentieren, sollen Experten nachgeschaut haben, ob nicht irgendwo eine versteckte zusätzliche Gasleitung angeschlossen war, man wollte nicht glauben, dass Ottos Motor so wenig verbrauchte. Die jungen Erfinder heimsen eine Goldmedaille ein und sammeln Bestellungen für ihren neuen Motor. Damit wird aus der Schrauberwerkstatt eine Fabrik.

Man holt neue Teilhaber ins Unternehmen, mit ihnen kommt frisches Kapital. Man baut die Fabrik in Deutz und gibt sich einen neuen Namen: Die „Gasmotoren-Fabrik Deutz AG" ist geboren. Sie beliefert die Industrie im In- und Ausland mit der „atmosphärischen Gaskraftmaschine". Und man beweist ein glückliches Händchen beim Personal: Technischer Direktor wird ein gewisser Gottlieb Daimler, sein Konstruktionschef: Wilhelm Maybach. Beide werden später zu Pionieren des Automobilbaus.

Die Idee mit dem Viertakt-Motor hatte Otto schon Jahre vorher. Er hatte sie in den klammen Zeiten zurückgestellt, um endlich aus dem Lenoir-Motor etwas Verkaufbares zu machen. Jetzt, wo die Firma floriert, ist die Zeit reif für seine größte Erfindung.

Arbeitsdiagramm des Viertakt-Motors

32 *Der Otto-Motor — Viertakter aus Köln-Deutz*

In der Kölner Altstadt hat alles angefangen

... UND HEUTE?

Die Erfindung Ottos ist so gut, dass sie Nachahmer auf den Plan ruft. Otto kämpft um sein Lebenswerk. Es stellt sich sogar heraus, dass es auf die Viertakt-Idee ältere Patentrechte gibt. 1886 hebt ein Gericht sein berühmtes Patent Nr. 532 auf. Jeder darf jetzt Viertakt-Motoren bauen. Nicolaus August Otto wird darüber krank und stirbt am 26. Januar 1891. Auf dem Kölner Melaten-Friedhof wird er beigesetzt.

Trotz des verlorenen Patentstreits wird seine Firma im 20. Jahrhundert zeitweise zu einem der wichtigsten Arbeitgeber der Stadt. Sie baut Gasmotoren und Dieselmotoren, Lkw, Feuerwehren und Baufahrzeuge. Es gibt die Deutz AG trotz einiger Krisen bis heute. Für Ottos Motoren, die Technikgeschichte geschrieben haben, hat das Unternehmen ein Museum gebaut. Die Stadt hat Nicolaus August Otto mit einer Figur am Rathausturm ein Denkmal gesetzt. Und in der Servasgasse, dort, wo alles anfing, erinnert eine Tafel an die erste Motorenfabrik der Welt.

Mit 3 PS in eine neue Welt

05
1886

Nahtlose Röhren – eine Erfindung der Gebrüder Mannesmann

IM PILGERSCHRITT DIE WELT VERÄNDERN

Es ist schon Nacht, aber in der **Feilenfabrik von Reinhard Mannesmann** in Remscheid-Bliedinghausen brennt noch Licht. Maschinen laufen. Nicht, um noch mehr Feilen herzustellen um diese Zeit, nein, Mannesmanns Söhne, Reinhard junior (1856–1922) und Max (1857–1915), sind an diesem 21. August 1886 in der Fabrik und sie haben etwas ganz anderes im Sinn.

Sie arbeiten an **nahtlosen Röhren.** Das ist zu dieser Zeit etwas, worauf die Industrie im Land wartet. Denn die Maschinen und Werkzeuge der jetzt überall entstehenden Fabriken werden mit Dampfmaschinen angetrieben. In den Dampfkesseln und -rohren herrscht großer Druck. Ein Druck, unter dem die geschweißten Rohre immer wieder platzen. Nahtlose Röhren könnten dem standhalten. Und sie würden auch als Gasleitungen und im Baugewerbe reißenden Absatz finden. Das wissen die beiden Brüder. Und sie sind ganz nah an einer Lösung.

REINHARD MANNESMANN (JUN.) SCHLÄGT SICH MIT SEINEM BRUDER MAX IN DER FABRIK DIE NÄCHTE UM DIE OHREN.

Die entscheidende Idee kam ihnen schon einige Jahre vor dieser denkwürdigen Nacht in Remscheid: In der Feilenfabrik wurden die Stahlrohlinge mit schräg stehenden Walzen geglättet, ein übliches Verfahren. Wenn man die Rohlinge dann am Ende abschnitt, zeigte sich immer wieder, dass in ihrer Mitte Risse und Hohlräume entstanden waren. Darüber ärgerte man sich nicht nur bei Mannesmann, auch der Konkurrenz machte das zu schaffen. Die beiden Brüder erkannten darin eine Chance für das Rohrproblem: Wenn man diese Hohlräume während des Walzvorgangs absichtlich herbeiführen und erweitern könnte, sie größer und gleichmäßiger hinbekäme – das Werkstück würde zum Rohr. Ganz **ohne Schweißnaht.**

Reinhard und Max beginnen zu experimentieren. Nachts, denn tagsüber wird die Dampfmaschine in Vaters Fabrik für die Feilenherstellung gebraucht. Am 26. November 1882 findet sich in Max Mannesmanns Tagebuch schon eine Skizze des neuen Verfahrens. Die Brüder probieren weiter aus. Mit einem Dorn gelingt es ihnen, die Hohlräume zu glätten und zu vergrößern. Am **27. Januar 1885** beantragen sie beim Kaiserlichen

Von der Skizze zum Patent: das Schrägwalz-Verfahren

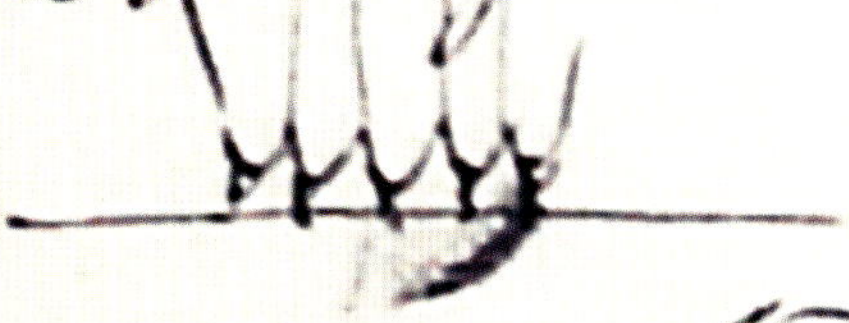

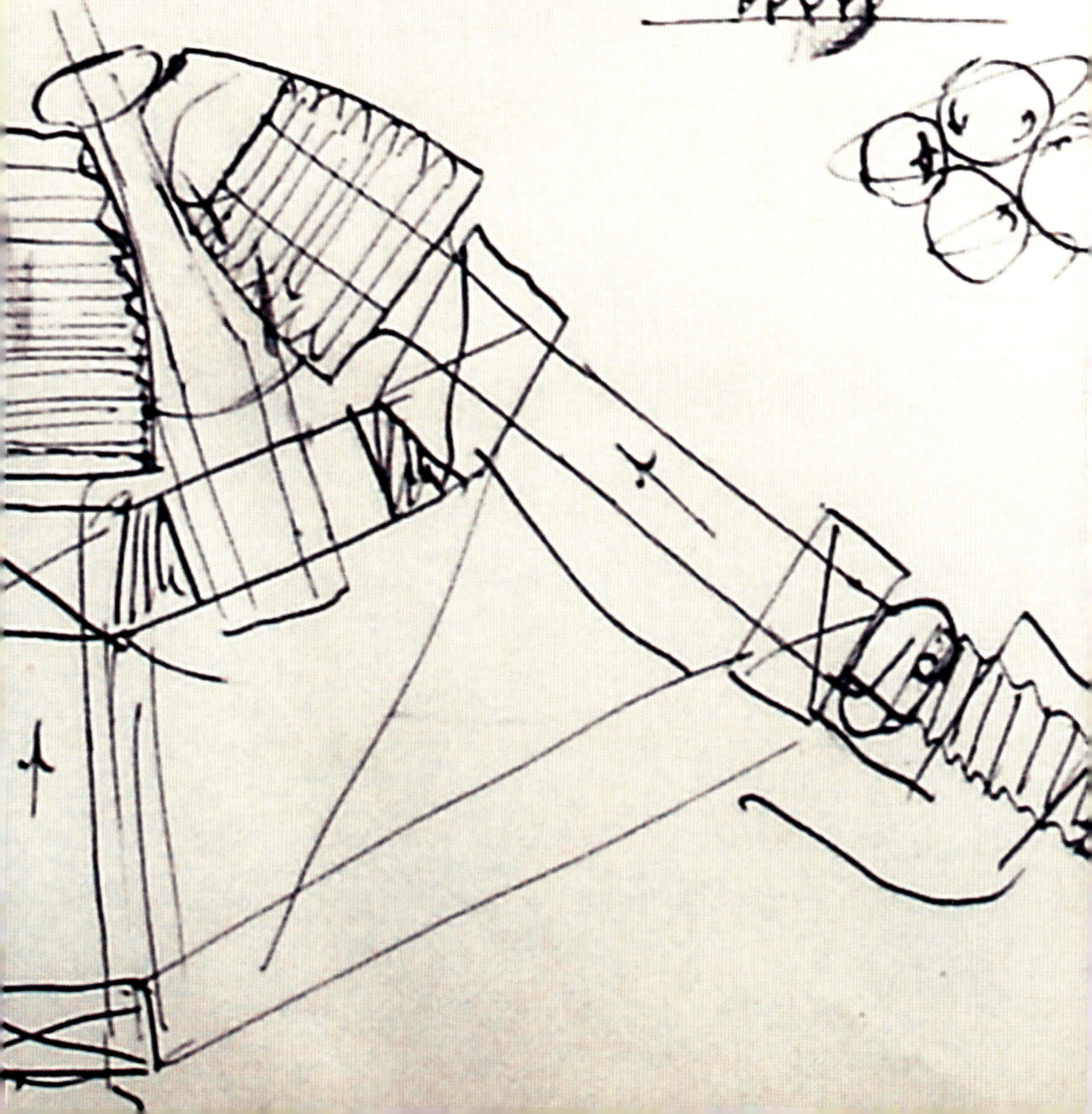

Die Mannesmann-Feilenfabrik in Remscheid um 1888

Patentamt das **Patent für ein „Schrägwalzverfahren nebst zugehörigem Walzwerk"**. Doch Skizzen und Patente sind eine Sache – ein funktionierendes Verfahren eine andere. Die Brüder arbeiten weiter an ihren Schrägwalzen. In der Augustnacht 1886 ist es endlich so weit: Die ersten Rohre sind kurz und ihre Wände dick – aber: Sie haben keine Naht. Und das ist entscheidend.

Vier Jahre später gelingt der endgültige Durchbruch: Die dickwandigen Rohre werden zwischen zwei exzentrischen Walzen hin und her geführt. So werden sie auf die erforderliche Länge gestreckt und so dünnwandig, wie die Industrie sie braucht. In Anlehnung an die Bewegungen bei einer Springprozession – zwei Schritte vor, einen zurück – wird es das **„Pilgerschritt-Verfahren"** genannt. Beide Verfahren zusammen, **Schrägwalze und Pilgerschritt,** ergeben das **Mannesmann-Verfahren.**

Der **Siegeszug der nahtlosen Stahlrohre** kann beginnen. Nicht nur die Rohre der Dampfmaschinen werden jetzt belastbarer, die nahtlosen Rohre werden für Leitungsnetze gebraucht, im Maschinenbau und in der Architektur. Mit Mannesmann-Rohren werden Fahrradrahmen gebaut – und die bald aufkommenden Automobile auch.

WER HAT'S ERFUNDEN?
Reinhard und Max Mannesmann werden nun Großunternehmer. Es zahlt sich aus, dass ihr Vater ihnen eine für damalige Verhältnisse **ungewöhnlich gute Ausbildung** ermöglicht hat: Im Hause des Feilenfabrikanten Mannesmann in Remscheid gab es elf Kinder, fünf Töchter und sechs Söhne. Bergische Unternehmer schickten ihre Söhne damals üblicherweise nach der mittleren Reife in die Lehre und dann ging es ins elterliche Un-

ternehmen. Reinhard senior hatte erkannt, dass der technische Fortschritt im industriellen Zeitalter mehr erforderte: Er schickte seine Söhne auf die höhere Schule und ließ sie dann studieren. Reinhard junior und der nur eineinhalb Jahre jüngere Max machten ihr Abitur in Düsseldorf, dort, wo die Mannesmann AG später ihren Firmensitz haben sollte.

Reinhard studierte Maschinenbau, Chemie, Bergbau und Hüttenkunde. Max Maschinenbau und Physik. Beide halfen – wie auch die anderen Brüder – in den Semsterferien in der Feilenfabrik aus. Und beide erwiesen sich schnell als **begabte Konstrukteure.** Sie bekamen ein erstes Patent für Schallverstärker für Telefone und verbesserten immer wieder die Maschinen in der väterlichen Feilenfabrik.

DER VATER LEGT WERT AUF BILDUNG.

Nachdem sie das Schrägwalzen-Patent hatten, gründeten die Mannesmänner die ersten **Röhrenwerke** und bauten Walzwerke für Lizenznehmer. Der schnelle Ausbau und das noch unausgereifte Verfahren brachten die Werke aber bald in finanzielle Schwierigkeiten. Die bestehenden Werke wurden in einem neuen Unternehmen zusammengeführt: Am **16. Juli 1890** wurde die **Deutsch-Österreichische Mannesmann Röhrenwerke AG** gegründet. Das Datum gilt als offizielles Gründungsdatum des Mannesmann-Konzerns.

Max und Reinhardt junior wurden Generaldirektoren, erhielten für die eingebrachten Patente hohe Summen und Aktienanteile, **Werner von Siemens** wurde **Aufsichtsratsvorsitzender,** der Vater der Mannesmann-Brüder übernahm den stellvertretenden Aufsichtsratsvorsitz. Aber schon bald zerbrach die Einigkeit: Während die Mannesmänner vor allem daran arbeiteten, die Verfahren technisch immer weiter zu perfektionie-

Mechanische Werkstatt in Remscheid

Im Pilgerschritt die Welt verändern

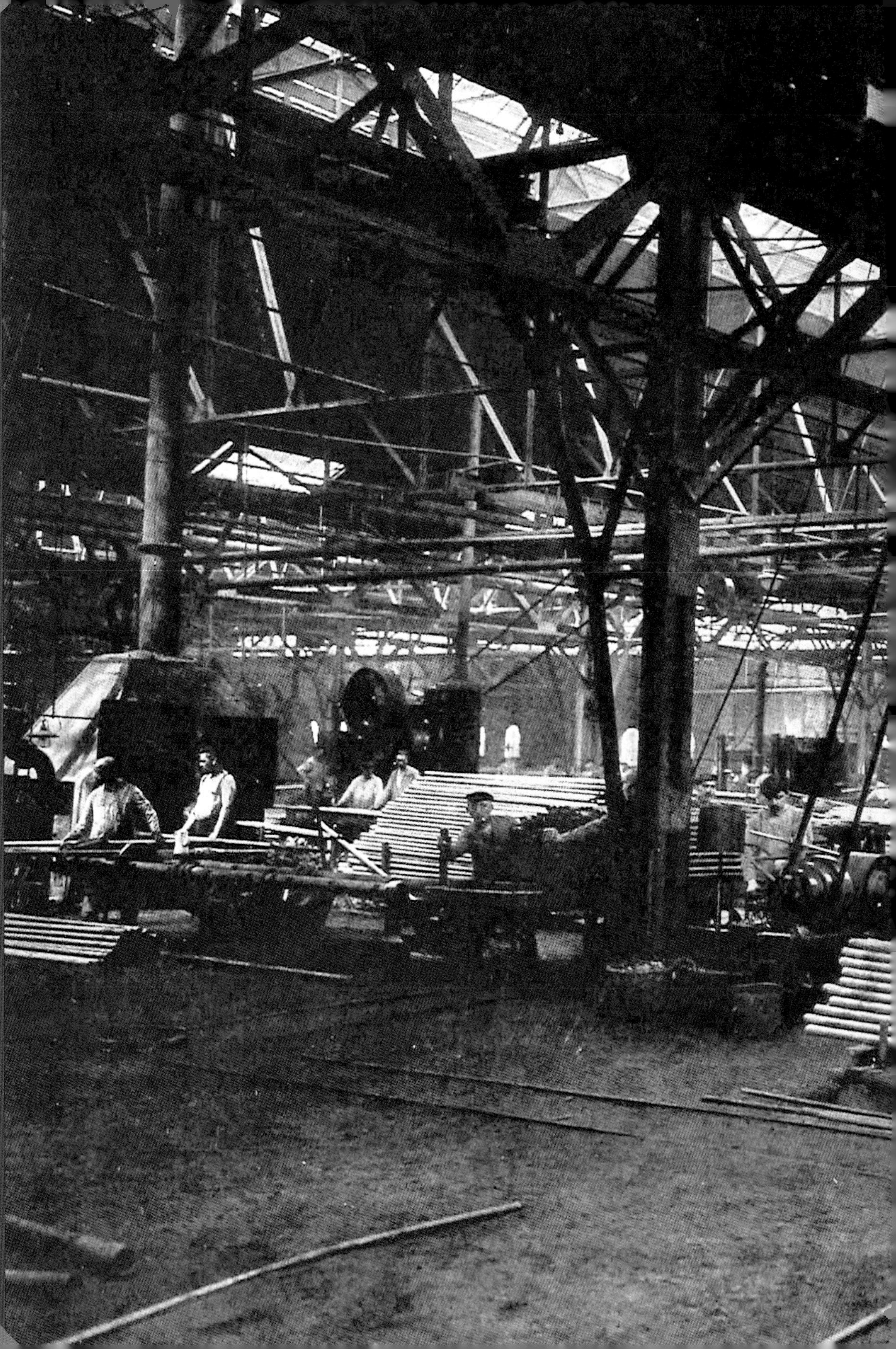

Röhrenproduktion um 1910

Die alte Hauptverwaltung — gebaut von Peter Behrens —, dahinter das Mannesmann-Hochhaus

ren, drängten die Kaufleute im Unternehmen auf mehr Wirtschaftlichkeit. **1893 scheiden die Erfinder aus dem Vorstand aus,** Mannesmann verlegt seinen Firmensitz nach Düsseldorf. Zwei Jahre später verlassen Max und Reinhard die Firma ganz.

Für die beiden Brüder beginnt noch einmal ein bewegtes Leben: Reinhard gründet ein Unternehmen in den USA, scheitert, gründet in Marokko Bergbau- und Handelsgesellschaften — und wird sie alle 1919, ein Jahr nach dem Ende des Ersten Weltkriegs, durch die Bestimmungen des Versailler Vertrags verlieren. Mit seinen Brüdern Carl und Otto entwickelt er ein neues Gasglühlicht, sie gründen die Mannesmann Lichtwerke AG in Remscheid. Während des Ersten Weltkriegs entsteht hier eine Waffen- und Munitionsfabrik.

DIE BRÜDER ERFINDEN WEITER.

Bruder Max reiht Erfindung an Erfindung: hohle Eisenbahnschienen, die gleichzeitig als Wasserleitung dienen, Zehenschuhe, Häuser aus Beton-Fertigteilen. 1908 kauft er gemeinsam mit anderen Brüdern eine Lastwagenfabrik, entwickelt Lkw, Wohnwagen, Busse, Flugzeugmotoren, entwirft sogar die Idee für einen Hubschrauber. Im Ersten Weltkrieg, 1915, fährt er an die Front, um ein neues Spezialfahrzeug zum Transport von Verwundeten zu testen. Im offenen Wagen zieht er sich eine Lungenentzündung zu und stirbt.

Reinhard übernimmt die Lastwagenfabrik und arbeitet weiter an den Erfindungen des Bruders. Er bleibt ein rastloser Unternehmer und Konstrukteur bis zum Schluss. 1922 stirbt er an den Folgen der Malaria, die er sich in Marokko zugezogen hat.

Nahtlose Röhren — eine Erfindung der Gebrüder Mannesmann

... UND HEUTE?

Die Mannesmann-Röhrenwerke entwickeln sich auch ohne ihre beiden Erfinder über 100 Jahre hinweg zu einem weltweiten Technologie-Konzern. Sie kaufen sich in immer neue Geschäftsfelder ein. Immer wieder stellt sich der Konzern neu auf, lagert Teile des Unternehmens in neue Firmen aus.

1990 investiert man in eine ganz neue Technik: Mannesmann erwirbt die Lizenz für das erste private Mobilfunknetz in Deutschland und verdient damit so viel Geld, dass die anderen Geschäftsfelder fast zur Nebensache werden. Dieser Erfolg ruft einen Gegner auf den Plan: 1999 startet das britische Mobilfunk-Unternehmen Vodafone die damals größte feindliche Übernahmeschlacht der Wirtschaftsgeschichte: Nach wenigen Monaten ist Vodafone am Ziel. Für sagenhafte 190 Milliarden Euro gehört Mannesmann nun ihnen. Dass Mannesmann-Topmanager im Zuge der Übernahme millionenschwere Abfindungen kassieren, sorgt für öffentliche Empörung und diverse Gerichtsverfahren – doch es ändert nichts. Vodafone bekommt, was es will: die lukrative Telekommunikationssparte. Der „Rest" von Mannesmann wird zerschlagen und verkauft. Am großen Mannesmann-Hochhaus in Düsseldorf prangt für einige Jahre der Schriftzug „Vodafone". Heute ist das Gebäude Sitz des NRW-Wirtschaftsministeriums.

Aber noch immer gibt es eine ganze Reihe von Unternehmen, die „Mannesmann" im Firmennamen tragen. Und die Halle in Remscheid-Bliedinghausen, in der die beiden Brüder etwas erfanden, was die Industriewelt veränderte, die gibt es auch noch.

Im Pilgerschritt die Welt verändern

06
1886

Backin – Dr. Oetkers Weg vom Apotheker zum Großunternehmer

ERFOLG IN TÜTEN

Die Stimmung dürfte etwas angespannt gewesen sein, **1891,** im Laboratorium der **Aschoff'schen Apotheke in Bielefeld.** Ihr neuer Besitzer hat sich für den Laden bei der Bank hoch verschuldet. Und das Restgeld hat die Schwiegermutter dazugetan. Das macht die Sache auch nicht leichter.

Der Mann, der nun im neu eingerichteten Labor an neuen Produkten experimentiert, hatte seinen Doktor in Botanik gemacht, war dann als Jungunternehmer in Berlin nicht so richtig vom Fleck gekommen. Die Apotheke in Bielefeld muss ein Erfolg werden.

Was hat **August Oetker** (1862–1918) nicht schon alles im Laden stehen: Gesundheitskakao und Himbeer-Limonade, Fußcreme und Bonbons. Der ganz große Renner ist das alles nicht. Der Jungapotheker erinnert sich an seine Kindheit: Der gerade verstorbene Vater war Bäckermeister gewesen. Der Großvater auch. Und war da nicht dieses interessante Pulver aus England und den USA, das Brotfabriken half, ihren Teig auch ohne die komplizierte Hefe schön luftig zu bekommen? Das Zeug war hierzulande auch bei einigen Hausfrauen sehr beliebt. Allerdings war es etwas umständlich einzusetzen und: Es verdarb recht schnell.

AUGUST OETKER

Chemisch gesehen lief die Sache so: Natron und ein Säuerungsmittel reagieren bei Wärme und Feuchtigkeit miteinander, es wird Kohlendioxid frei. Und zwar in kleinen Bläschen. Und die machen den Teig schön locker. Dazu ein bisschen Stärke und Weizenmehl, damit sich die CO_2-Bläschen auch wirklich erst im Teig lösen. Aromastoffe, damit das Ganze nicht den Geschmack beeinträchtigt. Und fertig ist das **Backpulver.**

Der Apotheker hatte monatelang an so einem Backpulver herumprobiert. Immer wieder war er mit seinem Pulver in eine befreundete Bäckerei gelaufen, man hatte gebacken, geprüft, gegessen. Jetzt schien die richtige Mischung gefunden. Es war eine Verbesserung, nicht mehr, aber auch nicht weniger.

Der Backpulvermischer aus der Apotheke war sicher kein Über-Chemiker. Aber ein **großartiger Verkäufer.** Sein Pulver bot er nicht den Brotfabriken an, **sein Backpulver sollten Hausfrauen kaufen.** Schon nach kurzer

*Hier fing alles an:
die Aschoff'sche Apotheke in Bielefeld*

APOTHEKE

Dr. A. Oetker

Den „Puddingpulverturm" gibt es heute noch: Hier stellt Oetker seine Produkte aus

TÜTCHEN-WEISE ZUM ERFOLG

Zeit kam er auf die geniale Idee, es in **kleinen Portionstütchen** anzubieten: 20 Gramm zu 10 Pfennigen. Das klingt banal, aber genau das war der **Schlüssel zum Erfolg:** Die Hausfrau musste sich keine Mühe mehr mit dem Auswiegen machen: ein Kuchen, eine Tüte. Ein **Convenience-Produkt anno 1891.** Und 10 Pfennige, das fühlte sich nicht so teuer an. Tatsächlich war der Preis pro Gramm viel höher als bei den Konkurrenzprodukten. Aber wegen der kleinen Menge merkte man es nicht so. Die Marge stimmte, der Absatz auch. Das **Backpulver wurde zum Renner in der Aschoff'schen Apotheke.** Auch, weil sein Hersteller noch eine Marketing-Idee hatte, die bis heute funktioniert.

Der Apotheker war promoviert und mehr noch als heute stand so ein Doktortitel für Vertrauenswürdigkeit. Das nutzte der Apotheker aus. Als Name für sein Backpulver war ihm nicht so viel eingefallen: „Backin". Nun ja. Aber mit seinem akademischen Titel klang das gleich ganz anders: „Dr. Oetker's Backpulver".

44 Backin – Dr. Oetkers Weg vom Apotheker zum Großunternehmer

WER HAT'S ERFUNDEN?

August Oetker hat das Backpulver in Deutschland mit seinem Namen verbunden und populär gemacht, weil er es in die Küchen der privaten Haushalte brachte. Erfunden hat er es nicht. *Den* einen Erfinder gibt es beim Backpulver wohl auch nicht. Viele experimentierten im 19. Jahrhundert mit Chemikalien, die beim Backen Kohlendioxid freisetzten, um den Teig luftig zu bekommen. Meistens allerdings ging es dabei um Brotteig.

Der entscheidende Impuls kam von **Justus Liebig,** dem genialen Chemieprofessor in Gießen und München. Der Erfinder von Kunstdünger und Fleisch-Extrakt arbeitete mit einem seiner Schüler, dem Amerikaner Eben Norton Horsford, schon Jahrzehnte vor Oetker an einem brauchbaren Back-Treibmittel. Dabei müssen beide einen großen Schritt weiter gekommen sein, denn Norton stieg nach seiner Zeit bei Liebig in den USA im großen Stil in die Produktion seines „Baking Powders" ein – was er sich auch patentieren ließ. Für die Brotindustrie war das Mittel ein Segen, denn es machte den ganzen Prozess schneller und einfacher.

Ob Oetker nun von dieser Rezeptur über entfernte amerikanische Verwandte erfuhr, ob er wichtige Hinweise in Fachzeitschriften erhielt oder ob er – wie es die offizielle Firmenhistorie beschreibt – im Apotheken-Hinterzimmer so lange tüftelte, bis er sein Backpulver gefunden hatte: Beim Verkauf des neuen Produkts jedenfalls machte Oetker alles richtig.

DR. OETKER GAB VIEL GELD FÜR WERBUNG AUS.

Da war der vertrauenerweckende Name. Da war die praktische Portionspackung. Da war die **von Anfang an konsequent eingesetzte Werbung,** die nicht weniger versprach, als dass Oetkers Backpulver schlicht „das Beste" sei. Oetker gab viel Geld für Werbung aus – und nahm dadurch noch mehr Geld ein. Und da war **Oetkers Idee, den Kundinnen Rezepte mitzugeben.** Kuchenrezepte, in deren Zutatenliste eins nie fehlte: „Dr. Oetker's Backpulver". Wenige Jahre später veröffentlichte er sein erstes **Kochbuch: „Dr. A. Oetker's Grundlehren der Kochkunst".** Er verschenkte es zu Tausenden an seine Kundschaft. Ein **Marketing-Instrument,** das die Marke „Dr. Oetker" bis heute beibehalten hat – Generationen von Hausfrauen und schließlich auch -männern lernten mit „Dr. Oetker"-Rezeptbüchern kochen und backen.

Im Jahr 1900, gerade mal neun Jahre nachdem er die Bielefelder Apotheke gekauft hatte, bezogen Oetker und seine mittlerweile zahlreichen Mitarbeiter ein Fabrikgebäude in der Bielefelder Lutterstraße. **Aus dem Apotheker war ein Fabrikant geworden.**

Backpulverproduktion 1906

46 *Backin – Dr. Oetkers Weg vom Apotheker zum Großunternehmer*

... UND HEUTE?

Der Erfolg brachte August Oetker Reichtum, aber kein Glück. Sein Sohn fiel im ersten Weltkrieg 1916 auf dem Schlachtfeld von Verdun. Oetker verlor seinen Lebensmut und starb zwei Jahre später mit nur 56 Jahren. Sein Enkel, Rudolf-August Oetker, machte den Betrieb zu dem, was er heute ist: ein Konzern mit Hunderten von Unternehmen. Den Oetkers gehören Schiffsreedereien und Bierbrauereien, sie verdienen an Tiefkühlpizza, Schampus und Hotels. Das Backpulver ist nur noch ein Produkt unter Hunderten. Und schon lange nicht mehr das Wichtigste. Gut 32.000 Mitarbeiter erwirtschafteten 2016 fast 12 Milliarden Euro Umsatz. Weltweit natürlich. Aber die Zentrale steht immer noch in Bielefeld – der Stadt, in der ein Apotheker mit Pulver in kleinen Tüten das Backen neu erfand.

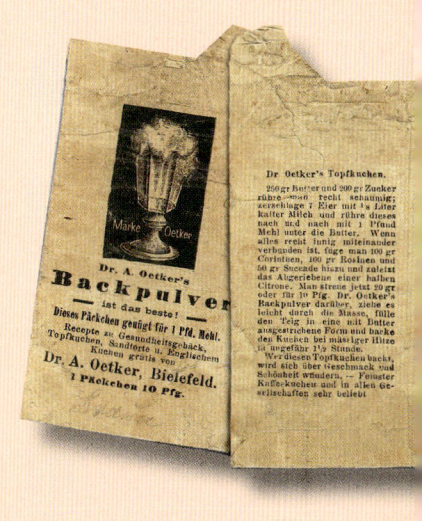

Erfolg in Tüten

07
1894

Vaillants Gas-Badeofen – Revolution im Badezimmer

WARMES WASSER, E1NFACH SO

Ich lass mir mal 'ne Wanne ein. Einfach den Warmwasserhahn über der Badewanne aufdrehen – in vielen Etagenwohnungen springt jetzt die Gas-Therme im Bad an. Heißes Wasser läuft in die Wanne. Kein großes Ding. Heute.

Ende des **19. Jahrhunderts** sieht das völlig anders aus. Badezimmer gibt es sowieso schon mal nur in großbürgerlichen Luxuswohnungen. Ein ganzes Zimmer nur für Hygiene und Körperpflege zu opfern, das ist noch den Wohlhabenden vorbehalten. Den anderen bleibt der klassische **Badetag:** Zinkwanne, auf dem Küchenherd Wasser heiß machen und dann geht die Familie einer nach dem anderen in die Wanne. Ein Samstagsritual: Ende der Arbeitswoche, Einstimmung auf den Sonntag.

Aber der **Fortschritt** kommt jetzt auch in die einfacheren Häuser. Flächendeckend werden Häuser in den Städten nun an das **städtische Wasserleitungsnetz** angeschlossen. **Fließendes Wasser** kommt aus dem Wasserhahn – kalt, versteht sich. Und da ist noch ein Netz, das jetzt das Leben in den Häusern vor der Jahrhundertwende erleichtert: das **Gasnetz.** Mit städtischem „Leuchtgas", später in „Stadtgas" umbenannt, lassen sich nun nicht nur Gaslichter betreiben, die das umständliche, rußige Petroleumlicht ersetzen. Gasflammen können auch wärmen.

Und hier kommt unser Erfinder ins Spiel: **Johann Vaillant** (1851–1920), ein Schneiderssohn aus Kaiserswerth bei Düsseldorf, hat sich 1874 mit 23 Jahren in Remscheid als Kupferschläger – heute würde man sagen Kupferschmied – und Pumpenmacher niedergelassen. In seinem kleinen Handwerksbetrieb verkauft er auch noch Gaslampen und Badewannen.

In seiner Werkstatt tüftelt er nebenbei an einem neuartigen **Badeofen** – einem, der das Baden radikal vereinfachen und damit die Badekultur in Deutschland massiv verändern wird. Als er für einen wohlhabenden Bauunternehmer eines dieser neuartigen „Badezimmer" einrichten soll, schlägt die große Stunde des Vaillant'schen Badeofens: Der Kupferschmied baut dem Unternehmer den ersten **Gas-Badeofen als „geschlossenes System":** Das Gehäuse ist doppelwandig. Durch die doppelte Ge-

JOHANN VAILLANT

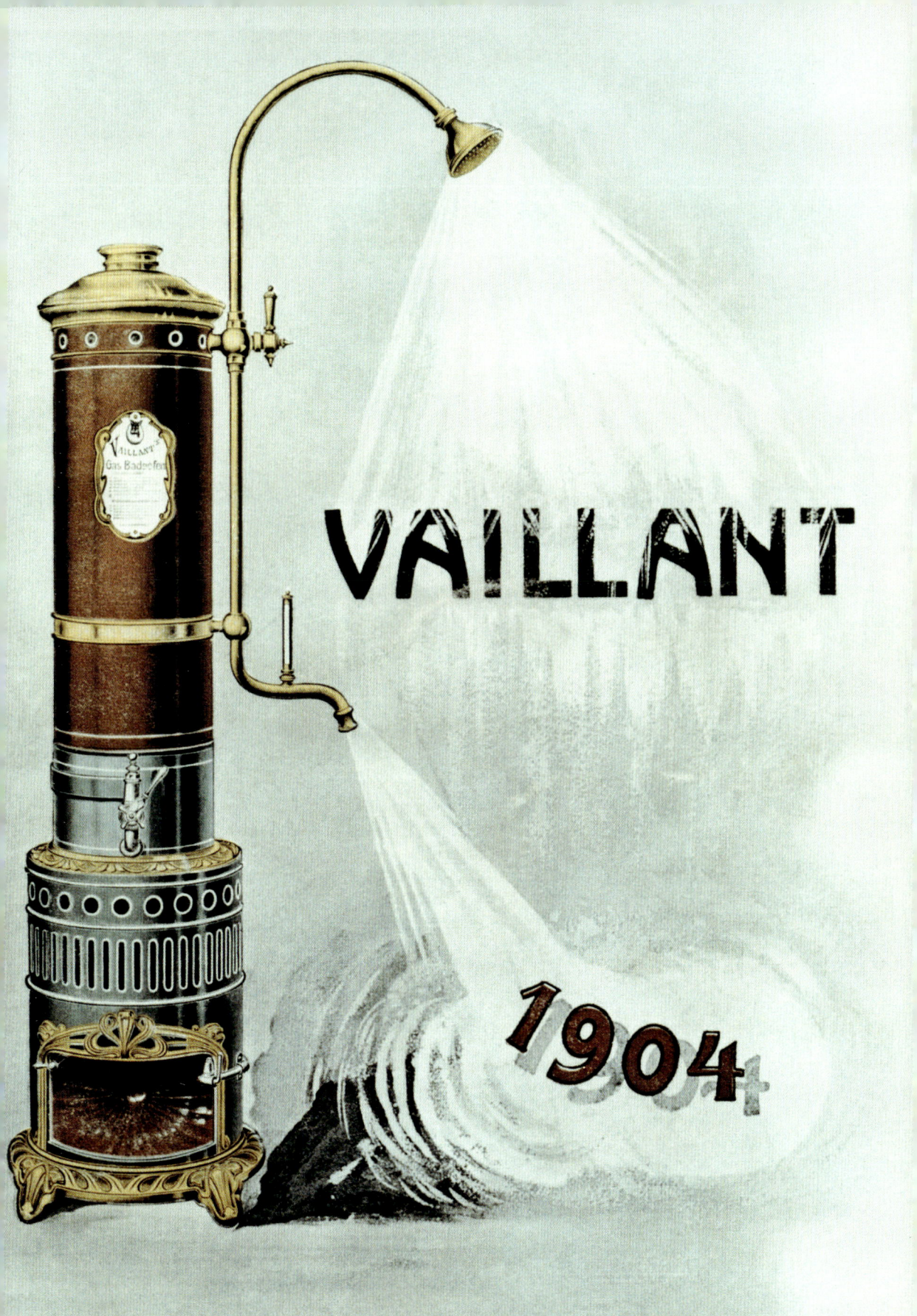

VAILLANT

1904

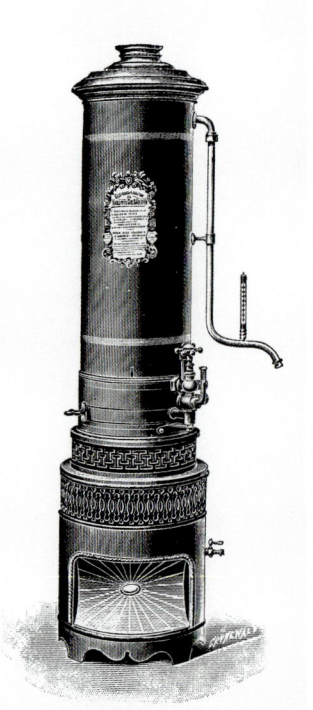

Vom Gas-Badeofen zur Gas-Zentralheizung

DER BADEOFEN ALS GESCHLOSSENES SYSTEM.

häusewand fließt kaltes Wasser nach oben und kühlt das Gehäuse. Im Inneren des Badeofens fließt das Wasser dann durch ein Rohrsystem. Unter den Rohren war ein Gasbrenner, dessen aufsteigende Abgase das Wasser erhitzten, ohne dass das Wasser direkt mit den Gasen in Kontakt kam. Das hat – verglichen mit dem, was es bisher an Badeöfen gab – zwei entscheidende Vorteile: Das Wasser wird nicht von den Abgasen des Gasfeuers verschmutzt und durch Regelung der Gaszufuhr kann man die Wassertemperatur beeinflussen. Das ist absolut neu. Und ziemlich bequem. Der neue Ofen funktionierte so gut, dass Vaillant ihn **1894** zum Patent anmeldete.

WER HAT'S ERFUNDEN?

So wird der **Kupferschmied Johann Vaillant** zu einem der **Pioniere der Sanitär- und Heizungstechnik.** Und Begründer eines Unternehmens, das bis heute zu den führenden Herstellern dieser Technik gehört. Nur drei Jahre nach dem Patent zieht Vaillant aus seiner Kellerwerkstatt auf ein neues und viel größeres Firmengelände. Aus dem jungen Mann, der als zehntes Kind eines Schneidermeisters wohl keine Chance hatte, den elterlichen

GRÖSSTE UND BEDEUTENSTE SPECIAL-FABRIK

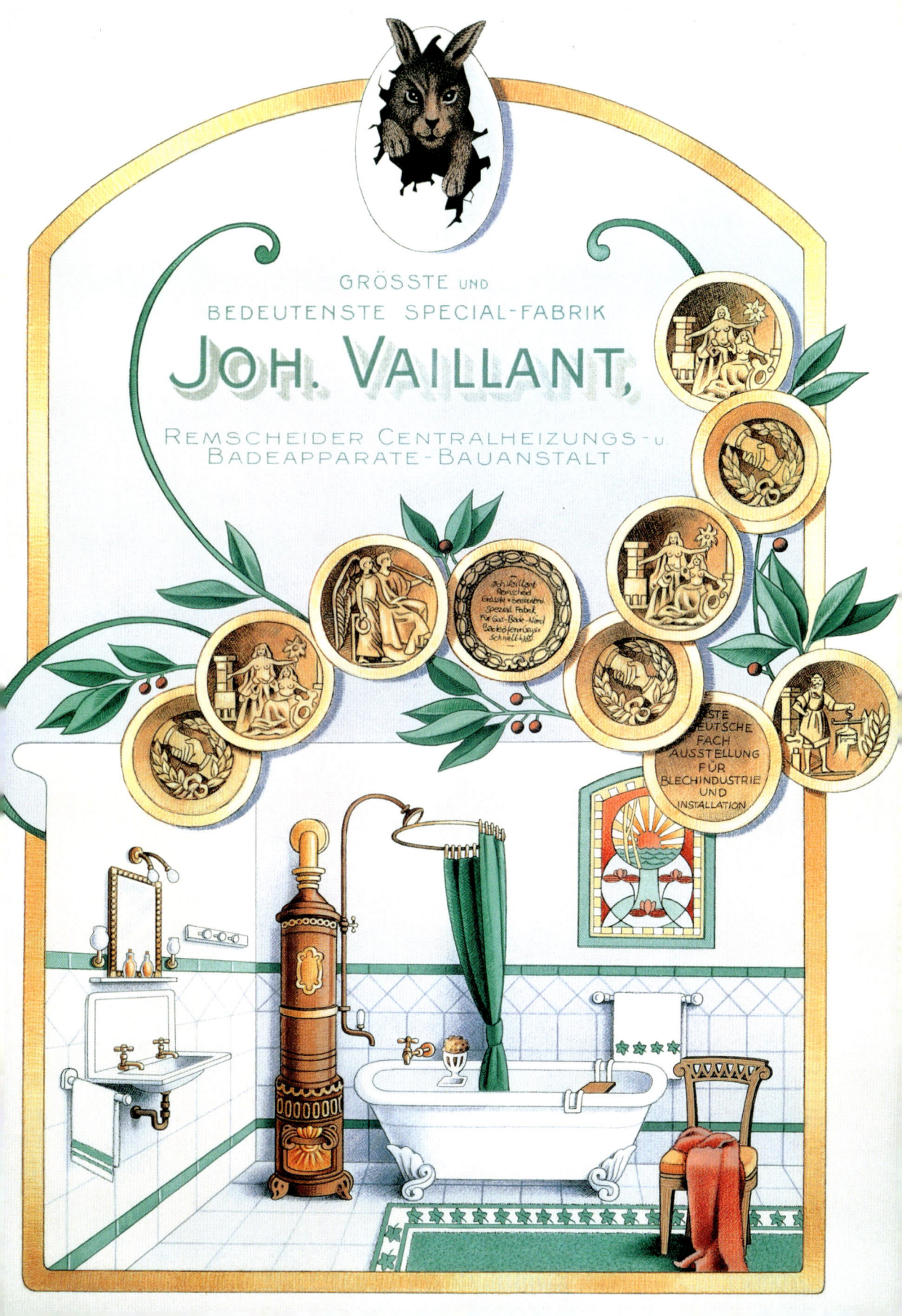

JOH. VAILLANT,

REMSCHEIDER CENTRALHEIZUNGS- u. BADEAPPARATE-BAUANSTALT

1899 1930 1953
1959 1979 1991

Vaillant 1993

Vaillant 2005

Vaillant 2009

Betrieb zu übernehmen, und der sich deshalb einen eigenen Handwerksbetrieb erarbeiten musste, ist ein erfolgreicher Unternehmer geworden. Und er kreiert **1899** sein eigenes **Markenzeichen: einen Osterhasen in einem Ei.** Darauf wäre wohl kein Marketing-Profi gekommen. Aber es ist bis heute eines der bekanntesten Markenzeichen in Deutschland.

VOM GAS-BADE-OFEN ZUR GAS-ZENTRAL-HEIZUNG

1905 bringt Vaillant eine **deutlich kleinere Version des Gas-Badeofens** auf den Markt. So klein, dass man ihn an die Wand hängen kann. Der neue **„Geyser"** ähnelt jetzt schon deutlich stärker der **Sanitärtechnik von heute.** Genau das Richtige für die vielen neuen Wohnungen, in denen es noch immer keine opulenten Badezimmer gibt, aber jetzt wenigstens fließend warmes Wasser.

1920 stirbt Johann Vaillant, seine Söhne Franz und Karl übernehmen die Firma – und lassen sich weiter Neues einfallen: **1924** kommt die **Vaillant-Zentralheizung,** ein Gas-Heizkessel, mit dem man Warmwasserheizungen in mehreren Räumen betreiben kann. Die Zeit der eiskalten Schlafkammern geht zu Ende.

... UND HEUTE?

Das Badezimmer als Standard in jeder normalen Wohnung setzt sich erst nach dem Zweiten Weltkrieg richtig durch. In den 1950er-Jahren sind ein Bad mit fließend warmem Wasser und eine vernünftige Heizung kein Privileg von Wohlhabenden mehr. Vaillant beliefert nun einen Massenmarkt. In den 1960ern wachsen schließlich Heizung und Warmwasserversorgung zu einem einzigen Gerät zusammen.

Heute heißt Johann Vaillants Firma „Vaillant Group". Eine Unternehmensgruppe mit elf Standorten, diversen Marken und 12.000 Mitarbeitern. 2016 machte sie 2,4 Milliarden Euro Umsatz. Die Zentrale aber ist immer noch in Remscheid. Dort entsteht gerade ein neues Forschungs- und Entwicklungszentrum. Darin will man an der Technik der Zukunft tüfteln. So wie Johann Vaillant am gleichen Ort vor über 120 Jahren.

Aspirin – das meistverwendete Arzneimittel aller Zeiten

MIT ACETYLSALICYLSÄURE GEGEN DEN SCHMERZ

Es ist der 10. August 1897. In einem Labor der „Farbenfabriken vorm. Friedr. Bayer & Co." in Wuppertal-Elberfeld notiert der Chemiker **Felix Hoffmann** (1868–1946) zufrieden in sein Laborjournal: Er habe **Acetylsalicylsäure in reiner Form** hergestellt. Er hat damit die mögliche Lösung für ein Problem gefunden, an dem er und sein Kollege Arthur Eichengrün schon eine ganze Zeit arbeiten. Was er noch nicht wissen kann: Er hat gerade die **Formel für das meistverkaufte Medikament in der Geschichte der Menschheit** aufgeschrieben.

Der **eigentliche Wirkstoff** ist seit mehr als 2000 Jahren bekannt: Schon der altgriechische Arzt und Vater der modernen Medizin, Hippokrates (um 460 v. Chr.–um 370 v. Chr.), ließ seine Schmerzpatienten **Weidenrinde** kauen. Im Mittelalter kochten Kräuterfrauen einen schmerzstillenden und fiebersenkenden Sud aus der Rinde. Schwangeren Frauen sollte die Weidenrinde die Wehenschmerzen lindern. Der Wirkstoff wird 1828 erstmals aus der Rinde isoliert, die Chemiker nennen ihn „Salicin", nach salix, dem wissenschaftlichen Namen der Weide.

FELIX HOFFMANN – OFFIZIELLER „VATER" DES ASPIRIN.

In der Zeit, in der Hoffmann und Eichengrün mit dem Wirkstoff in den Bayer-Labors in Wuppertal experimentieren, bekommen Schmerzpatienten, vor allem Rheumakranke, Salicylsäure verabreicht, eine künstlich hergestellte Form des alten Weidenrinden-Wirkstoffs. Das Mittel hemmt die Entzündungen und lindert die Schmerzen. Aber: Das Pulver schmeckt scheußlich. Es verursacht Brechreiz. Die Säure reizt den Magen und die Mundschleimhaut, sie kann zu Magenblutungen führen. Risiken und Nebenwirkungen.

Felix Hoffmann wird später sagen, sein Vater habe als Rheumakranker unter diesen Nebenwirkungen sehr gelitten. Darum habe er, Hoffmann, nach einer verträglicheren Alternative gesucht. Ob das nun stimmt oder nur eine Legende ist: Hoffmann und Eichengrün forschten nach einer **chemischen Formel, die die Salicylsäure endlich verträglicher machte.** An jenem denkwürdigen Sommertag 1897 war sie gefunden: die **Verbindung von Salicylsäure mit Acetyl.**

Erst Pulver, dann Tablette

FARBENFABRIKEN vorm. FRIEDR. BAYER & Co
250 gr.
ELBERFELD.
ASPIRIN
Name gesetzlich geschützt in Deutschland und den meisten übrigen Industrieländern.
Registered in Germany and most of the other industrial countries.
Nom deposé en Allemagne et dans la plupart des autres pays industriels.

Die Begeisterung bei Bayer hielt sich allerdings ziemlich in Grenzen. Der Chef des pharmazeutischen Labors, Heinrich Dreser, hielt das neue Mittel nach einigen Versuchen an Froschherzen für herzschädigend und wollte die ganze Sache stoppen. Eichengrün will daraufhin hinter seinem Rücken Proben an den Bayer-Vertreter in Berlin geschickt haben. Der wiederum konnte Ärzte zu klinischen Studien mit dem neuen Wirkstoff überreden. Hier erst beginnt die eigentliche Erfolgsgeschichte.

Die Ärzte verlangten bald nach mehr und berichteten übereinstimmend: Acetylsalicylsäure wirke besser und habe weniger Nebenwirkungen als die bisher verwendete Salicylsäure. Jetzt wurde der neue Wirkstoff bei Bayer zur Chefsache.

Der damalige **Leiter der Bayer-Forschung und spätere Bayer-Generaldirektor Carl Duisberg** ließ das Mittel ausgiebig testen und betrieb seine Markteinführung. **Am 6. März 1899 ließ sich Bayer beim Berliner Patentamt ein neues Warenzeichen eintragen:** ein „A" für das Acetyl, die entscheidende chemische Veränderung des Wirkstoffs, ein „-spir-" für Spirsäure, ein anderer Name für Acetylsäure, ein „-in" als damals gebräuchliche Endung für chemische Stoffe allgemein: **Aspirin.**

DER SIEGESZUG BEGINNT.

In 250-Gramm-Flaschen steht es bald als Pulver beim Apotheker. Der füllt für seine Kunden 500-Milligramm-Tütchen ab. Wenig später kann man Aspirin auch als Tablette kaufen, eines der ersten Arzneimittel überhaupt in Tablettenform. Bayer setzt nun eine große Vermarktungsmaschine in Gang: 30.000 Werbebroschüren werden an Arztpraxen in ganz Deutschland verteilt. 100 Jahre danach werden Menschen auf der ganzen Welt gut eine Billion Mal Aspirin geschluckt haben.

WER HAT'S ERFUNDEN?

Der Erfolg von Aspirin hat viele Väter: Da ist der französische Chemielehrer **Charles Frédéric Gerhardt,** der 1853 erstmals über die Herstellung von Acetylsalicylsäure berichtet, allerdings in einer chemisch nicht reinen Form. Für Medikamente ungeeignet, aber immerhin.

Da ist **Felix Hoffmann,** der Bayer-Chemiker mit dem Eintrag im Laborjournal. In der offiziellen Bayer-Historie der „Vater" des Aspirins. Er hat den Wirkstoff als Erster so hergestellt, dass daraus das Erfolgsmedikament werden konnte.

Da ist sein Kollege **Arthur Eichengrün.** Der wird als Jude 1944 von den Nazis in das Konzentrationslager Theresienstadt verschleppt. Dort notiert er seine Version von der Erfindung des Aspirins: Er habe die entscheidende Idee gehabt und Hoffmann beauftragt, Acetylsalicylsäure herzustellen. Der habe seine Idee nur ausgeführt. Bayer dementiert: Eichengrün sei nur Kollege von Hoffmann gewesen, nicht sein Vorgesetzter. Erst 1949 hat Ei-

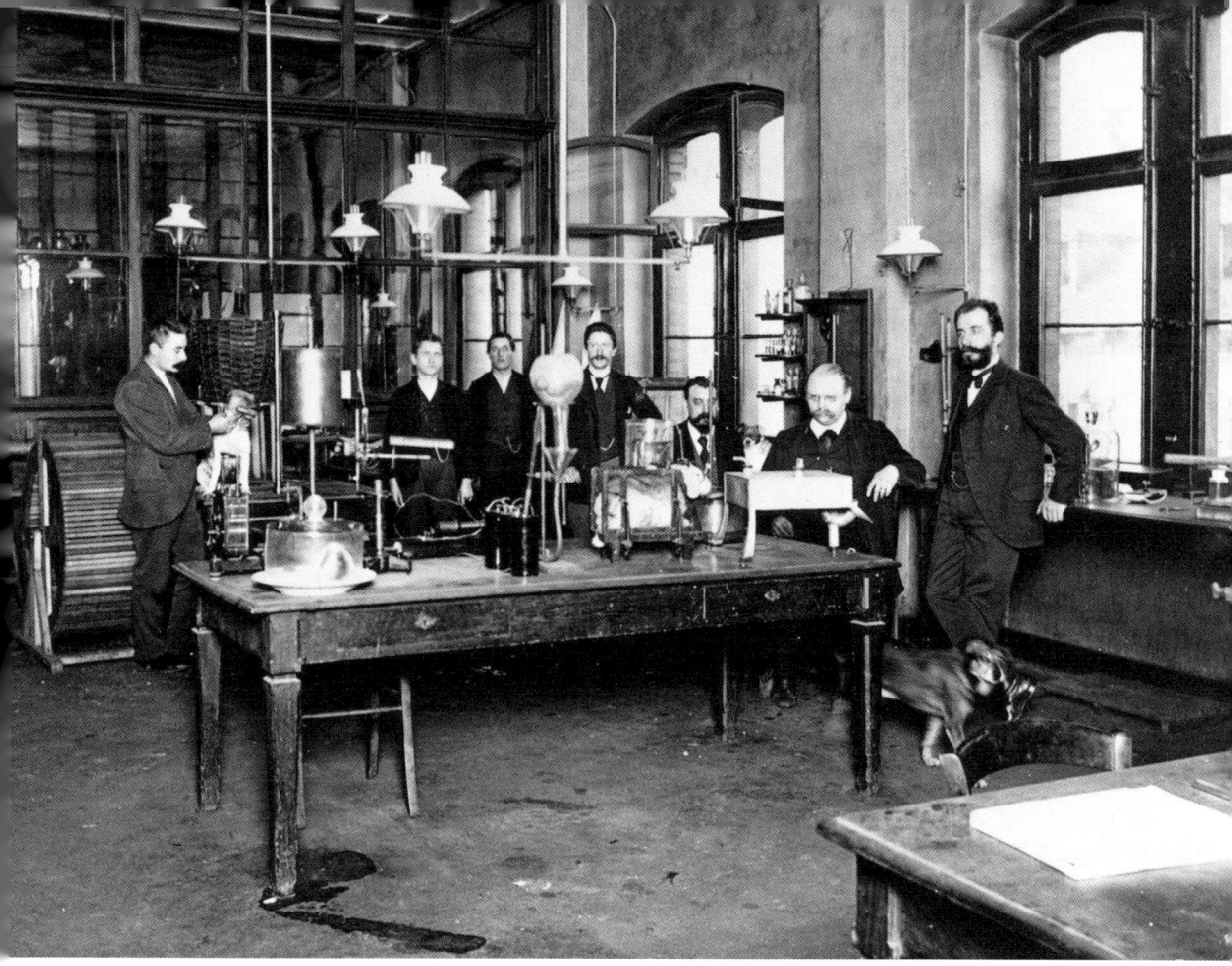

Vom Labor zur Massenproduktion

Mit Acetylsalicylsäure gegen den Schmerz

chengrün, der das KZ überlebte, als alter Mann die Erfindung von Aspirin öffentlich für sich reklamiert.

Mit letzter Sicherheit lässt sich wohl nicht klären, was damals in den Bayer-Labors wirklich geschah. Medizinhistoriker halten die ganze Sache am Ende eh für Teamwork. Finanziell haben übrigens beide, Hoffmann und Eichengrün, nicht von Aspirin profitiert. Am Verkaufserfolg wären sie nur beteiligt worden, wenn Bayer ihre Acetylsalicylsäure hätte patentieren lassen. Das aber hatte das Reichspatentamt in Berlin verweigert, weil andere schon vor ihnen diese chemische Verbindung hergestellt hatten. So wurde aus der damaligen Bayer-Mannschaft vor allem derjenige reich, der Aspirin erst gar nicht herstellen wollte: **Laborchef Heinrich Dreser.** Dessen Arbeitsvertrag garantierte ihm eine Gewinnbeteiligung an allen Medikamenten, die aus seinen Labors kamen.

HEINRICH DRESER: DER LABORCHEF WAR ERST SKEPTISCH.

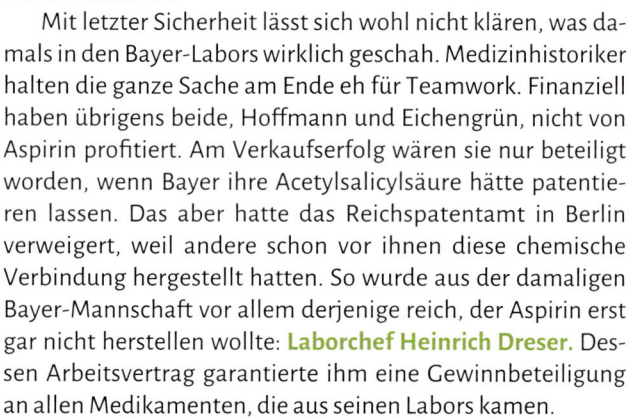

Und dann ist da auch noch **Kurt Witthauer,** damals **leitender Oberarzt im Diakonissen-Krankenhaus in Halle an der Saale.** Witthauer ist einer der ersten Ärzte, die von Aspirin überzeugt sind. Er testet das Mittel an 50 Patienten, veröffentlicht die erste klinische Studie dazu und er ist es, der sich den Namen einfallen lässt: Aspirin. Sein Arbeitgeber, das Diakonissenhaus, bezeichnet ihn heute noch als **„Vater des Aspirins".**

Der strahlende Erfolg von Aspirin hat übrigens ein dunkles Parallel-Universum: Nur elf Tage nachdem Felix Hoffmann den Aspirin-Wirkstoff ins Laborjournal eingetragen hatte, schrieb er in dasselbe Journal wieder einen neuen Stoff: Diacetylmorphin. Wieder hatte er einen schon bekannten pharmazeutischen Wirkstoff mit Acetyl veredelt. Wieder verweigerte das Patentamt die Patentierung. Wieder ließ sich Bayer daher nur einen Markennamen schützen. Doch während Aspirin das meist*ge*brauchte Medikament wurde, entwickelte sich der zweite Stoff zum wohl meist*miss*brauchten Arzneimittel. Sein Markenname: Heroin.

BAYER-BOSS CARL DUISBERG BAUT DAS WERK IN LEVERKUSEN.

58 Aspirin – das meistverwendete Arzneimittel aller Zeiten

... UND HEUTE?

Für die ehemalige Farbenfabrik Bayer war **Aspirin der Durchbruch im Pharma-Geschäft.** In den 1970er-Jahren entdeckte man, dass Aspirin auch bei Schlaganfall-Patienten eingesetzt werden kann, einige Jahre später kamen Herzinfarkt-Patienten dazu. Was diese Acetylsalicylsäure wirklich in unserem Körper anstellt, ist so komplex, dass es erst 2004 wissenschaftlich erforscht wurde.

Wenige Jahre nach der Erfindung von Aspirin war der Standort in Wuppertal für Bayer zu klein geworden. In großem Stil ließ der damalige Bayer-Boss Carl Duisberg ein neues Werksgelände planen. Er kaufte dazu die alte Farbenfabrik von Carl Leverkus in Wiesdorf im Norden von Köln. 1930 entstand aus Wiesdorf und den Gemeinden Schlebusch, Steinbüchel und Rheindorf eine neue Stadt: Leverkusen. Öffentlich wahrgenommen wurde sie aber immer als die Stadt der Bayer-Werke. Und Bayer blieb – auch als Weltkonzern mit breiter Produktpalette – im Bewusstsein der Menschen immer die Firma, die das Aspirin herstellt.

In Wuppertal aber, wo alles begann, gibt es auch heute noch ein Bayer Forschungszentrum. Und ganz in der Nähe eine kleine Straße, die für eine große Geschichte steht: die Felix-Hoffmann-Straße.

Mit Acetylsalicylsäure gegen den Schmerz

Carl Miele — die erste Waschmaschine

09 1900
DAS BUTTERFASS ALS WÄSCHETROMMEL

Waschtag – na und? Klappe auf, Wäsche rein, Klappe zu. Es lässt sich nicht einmal mehr ahnen, wie ein Waschtag vor gut 100 Jahren aussah: Brennholz besorgen, Waschkessel rankarren, Wäsche vorher einweichen, Wasser erhitzen und dann mit großen Holzpaddeln die Wäsche immer wieder umrühren, auf Waschbrettern reiben und mit Wurzelbürsten traktieren. Und noch gab es keine Waschmittel, die mit Chemie einen Teil der mechanischen Arbeit ersetzen konnten (vgl. Kap. „Persil – das erste selbsttätige Waschmittel der Welt").

Zwei Unternehmer aus Westfalen, **Carl Miele** (1868–1938) und **Reinhard Zinkann** (1864–1939), wussten: Wenn es uns gelingt, auch nur einen Teil dieser Arbeit an eine Maschine zu übertragen – man würde uns das Gerät aus den Händen reißen. Schließlich hatte ihre **Firma Miele & Cie.** schon zwei Dinge im Programm, die das Leben zumindest auf dem Land leichter machten: **Milchzentrifugen** und **Buttermaschinen.** Große Behälter, in denen handbetriebene Rührwerke die Milch vom wertvollen Rahm trennten und aus Rahm Butter machten.

CARL MIELES MISSION: DINGE VERBESSERN

Mechanische Rührwerke in einem Holzfass. Wenn man da statt Rahm Wäsche einfüllen würde …

Die ersten Versuche, so etwas wie eine Waschmaschine zu konstruieren, gab es schon im 18. Jahrhundert. Aber nichts davon hatte sich durchgesetzt. In der zweiten Hälfte des 19. Jahrhunderts konnte man sogenannte Dampf-Waschmaschinen kaufen, eine Kombination aus einer Wäschetrommel und einem Ofen.

REINHARD ZINKANN: DER MANN MIT GESCHÄFTSSINN.

Miele aber **knüpfte an das Prinzip „Butterfass" an** – etwas vergrößert, damit genug Wäsche reingeht. Das Rührwerk allerdings musste verändert werden: Hätte es sich wie beim Buttern immer in die gleiche Richtung gedreht, hätte sich die Wäsche aufgewickelt. Das Drehkreuz in einem Waschbottich musste sich aber hin und her bewegen. Technisch kein großes Problem. Im Jahr 1900 war die Miele Buttermaschine „Meteor" auf den Markt gekom-

1923: Die Miele Kraftwaschmaschine Nr. 30 – jetzt schon mit angebautem Elektromotor

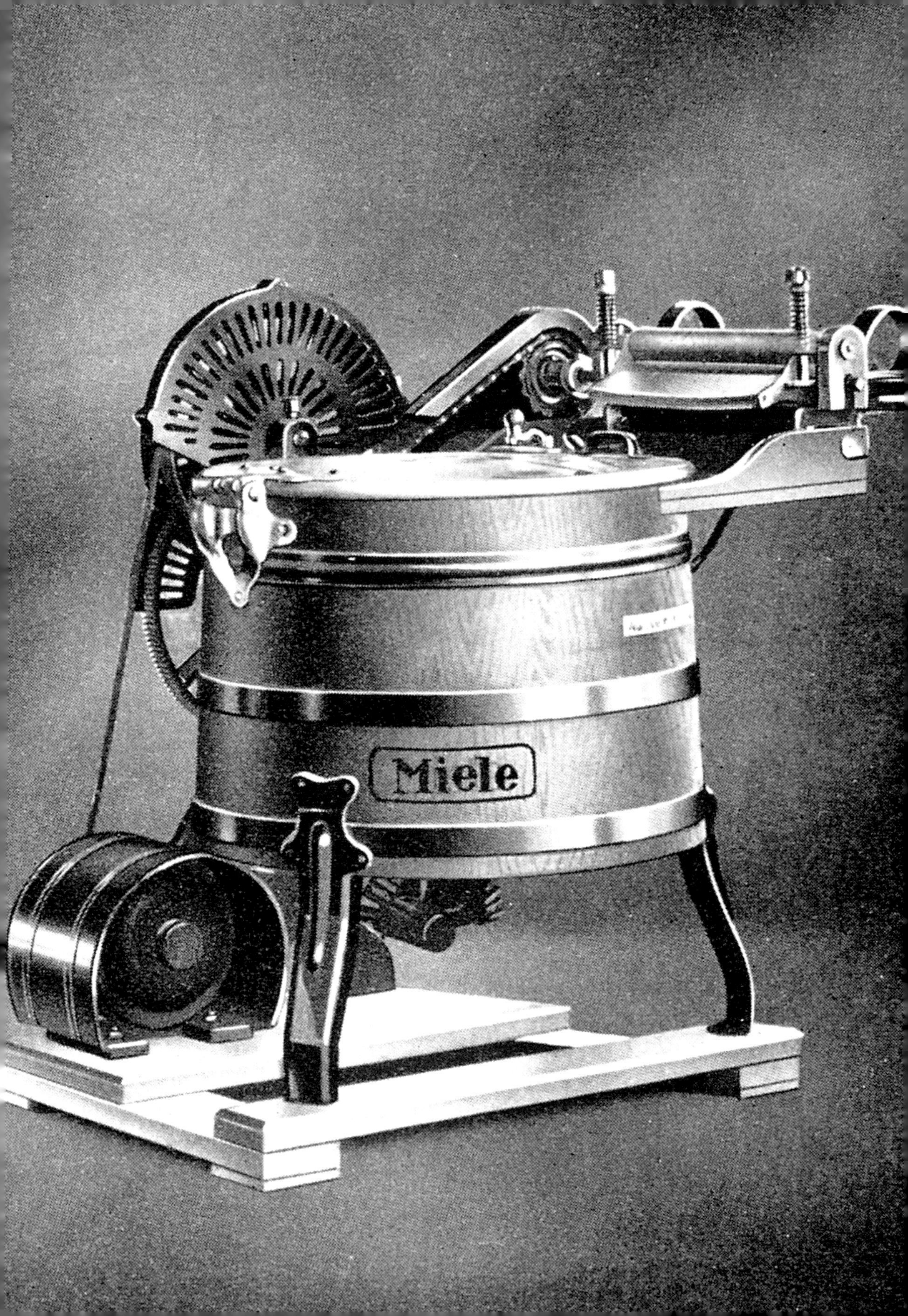
Miele

Aus einer alten Säge- und Kornmühle wird die erste Miele-Fabrik

men und noch im selben Jahr konnte man die Wäschevariante dieser Maschine kaufen. Auch sie hieß zunächst „Meteor", zwei Jahre später bekam sie einen eigenen Produktnamen: „Hera" – in der griechischen Mythologie die Beschützerin der Ehe.

Eine ganz irdische Frau beschrieb den Effekt der Waschmaschine 1901 in der Zeitschrift *Daheim* so: „Früher hatte ich neben meinem Mädchen noch immer eine Waschfrau bei der Wäsche, die zusammen fast einen ganzen Tag für die Wäsche brauchten, heute macht es mein Mädchen allein in einem halben Tag."

Was damals wohl niemand bei Miele ahnte: Für das Unternehmen war das zur Waschmaschine umfunktionierte Butterfass der **entscheidende Schritt vom Landwirtschaftszulieferer in eine Zukunft als Hausgeräte-Hersteller.**

WER HAT'S ERFUNDEN?

Carl Miele war gelernter Maurer aus Herzebrock nahe Gütersloh in Westfalen. Aber sein Talent für Konstruktion fiel auf. Seine Eltern schickten ihn auf die Technische Fachschule und nur wenige Jahre später, Miele war jetzt 25, machte er sich selbstständig: Er hatte inzwischen geheiratet. Seine Frau hatte einen Hof geerbt, auf dem sie aber nicht die Bäuerin sein wollte. Sie verkaufte den Hof und konnte damit auch Kapital zu Mieles erster Firma beisteuern: eine Baustoff- und Eisenwarenhandlung. Die hatte er 1895 im heimatlichen Herzebrock erstanden.

Miele erweiterte das Sortiment. Neben Bauholz, Zementplatten oder Dachziegeln gab es bei Miele nun auch Haushaltswaren und Küchengeräte: Herde, Waagen, Buttermaschinen, Milchzentrifugen. Miele wollte vor allem Konstruktionen optimieren. Daraus wurde sein **Unternehmensmotto: „semper melior" – immer besser.**

VERKAUFEN UND KONSTRUIEREN.

Vor allem bei den Milchzentrifugen, die in seinem Laden standen, war sich Miele sicher: Das kann ich besser. Zusammen mit einem örtlichen Schlosser gründete er 1897 die Firma „Miele und Steinker". Mit Steinker baute er eigene Zentrifugen. Technisch klappte das hervorragend, geschäftlich offenbar nicht ganz so: Der Schlosser Steinker und der Unternehmer Miele – das hielt nur zwei Jahre.

Sein nächster Partner war ein Kaufmann: **Reinhardt Zinkann.** Der Mann war seit Jahren als Geschäftsmann unterwegs, kannte die Branche und hatte jede Menge Kontakte. Die beiden Männer waren gleich alt, hatten gleiche Ziele und ergänzten sich hervorragend: der Konstrukteur und der Kaufmann. Das passte – von Anfang an.

Aus „Miele und Steinker" wurde „Miele und Cie.". In einem Brief an seine Geschäftsfreunde bat Miele „... das der früheren Firma geschenkte Vertrauen auch auf die neue übertragen zu wollen". Am 1. Juli 1899 ließen

Milchzentrifuge für die Landwirtschaft –
Waschmaschine für die Hauswirtschaft

64 Carl Miele – die erste Waschmaschine

Das Butterfass als Wäschetrommel

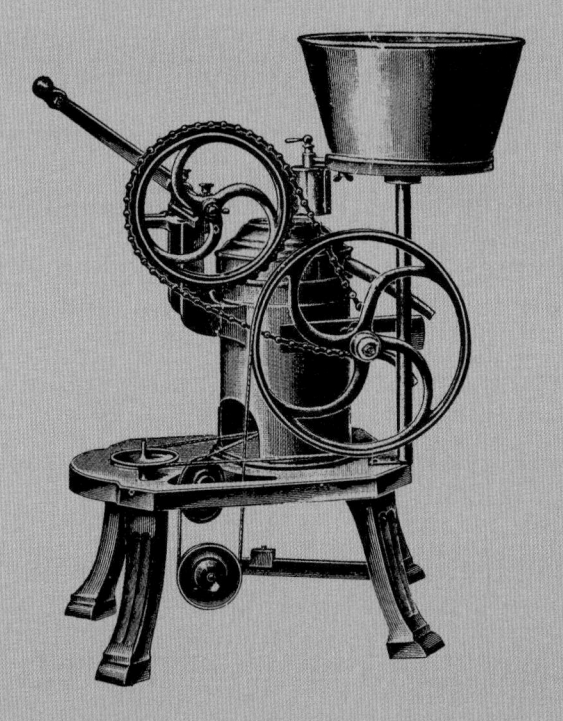

Miele und Zinkann ihre Firma ins Handelsregister eintragen. Beiden Familien gehört das Unternehmen bis heute.

Mit ihren Milchzentrifugen setzten die beiden vor allem auf **Qualität und Langlebigkeit,** Eigenschaften, die man bis heute mit Miele-Geräten verbindet. Es war offenbar **mehr als nur ein Werbeversprechen.** Die Meteor-Zentrifugen und -Buttermaschinen setzten sich gegen Dutzende Mitbewerber am Markt durch, die Verkaufszahlen stiegen.

Und nun kam mit den Waschmaschinen ein neues Geschäftsfeld dazu. Die Waschmaschinen der ersten Jahre, „Meteor" und „Hera", waren zwar schon ein großer Fortschritt – aber die Lösung aller Waschprobleme waren sie nicht: Sie konnten das mühselige Rühren und Rubbeln der Wäsche ersetzen, aber die Waschtrommeln wurden meist immer noch von Hand bewegt. Erst, als auch in Privathäusern Strom aus der Steckdose kam, setzte sich die elektrische Waschmaschine durch.

DIE WASCHMASCHINE WIRD ELEKTRONISCH.

1914 – Miele ist vom Elf-Mann-Betrieb zu einem Unternehmen mit 500 Mitarbeitern gewachsen und längst nach Gütersloh gezogen, wo das neue Firmengelände einen eigenen Eisenbahn-Anschluss hat – kommt die **erste Miele mit Elektromotor** auf den Markt: Vom Elektromotor wird die Kraft über einen offen liegenden Transmissionsriemen auf den Wäschebeweger übertragen. Und zum ersten Mal kann man das tun, was heute selbstverständlich ist: während des Waschens einfach weggehen und etwas anderes tun.

Ab 1930 werden die Miele-Waschmaschine den heutigen Geräten technisch ähnlicher: Alles ist nun aus Metall, das Wasser wird elektrisch in der Maschine aufgeheizt. Kohle- oder Holzfeuer unterm Waschbottich – damit ist es nun endgültig vorbei. Aber die Maschinen sind noch rund – die eckige Form, wie wir sie heute kennen, bekommen die Maschinen erst in den 1950er-Jahren.

Gut 100 Jahre später: Nichts erinnert mehr ans Butterfass

... UND HEUTE?

Aus dem Baustoff- und Haushaltswaren-Vertrieb ist ein internationaler Hausgeräte-Konzern mit Sitz in Gütersloh geworden. Fast 20.000 Mitarbeiter, fast 4 Milliarden Euro Umsatz. Und doch noch immer im Familienbesitz: 51 Prozent gehören den Mieles, 49 Prozent den Zinkanns.

Milchzentrifugen und Buttermaschinen kann man hier nicht mehr kaufen, dafür unter anderem Herde und Backöfen, Kühlschränke, Geschirrspüler, Staubsauger, Kaffeemaschinen, Bügeleisen ... und natürlich: Waschmaschinen. Die neueste Generation mit Touchscreen, WLAN-Anbindung und bei Bedarf mit integriertem Trockner. Der Traum des Carl Miele, möglichst viel von den mühevollen Waschtagen des 19. Jahrhunderts zu mechanisieren, ist wahr geworden.

Das Butterfass als Wäschetrommel

Das Telemobiloskop – der Zeit voraus

CHRISTIAN HÜLSMEYER, PIONIER DER RADARTECHNIK

10
1904

Köln im Jahre 1904. Dort, wo heute die Hohenzollernbrücke über den Rhein zum Hauptbahnhof führt, stand einst die „Muusfall". So nannten die Kölner jene Brücke, die wie ein lang gestreckter Gitterkasten aussah – wie eine Mausefalle eben. Offiziell hieß sie „Dombrücke". Und an dieser Brücke tut sich am 17. Mai etwas Seltsames: Da stehen ein paar Vertreter der Schifffahrtsbranche und einige Zeitungsjournalisten um ein ziemlich eigenartiges Sammelsurium elektrischer Bauteile herum. Ein Metallzylinder ist über Drähte mit Spulen verbunden, die an einem Holzbrett befestigt sind. Daneben eine ganz gewöhnliche Klingel. Antennenstäbe, Schrauben, Schalter.

Keiner der Herren kann sich auf all das einen Reim machen. Aber da ist ja noch der Mann, der sie alle eingeladen hat. Hergelockt mit einem ziemlich großen Versprechen: Er werde heute ein Gerät vorführen, wie es die Welt noch nicht gesehen hat: ein **„Telemobiloskop"**. Mit diesem Apparat könne man Schiffe auf dem Rhein erkennen, lange bevor man sie mit bloßem Auge sehen könne. Und das – so sieht ja wohl jeder ein – wird in Zukunft auf allen Flüssen und Weltmeeren Schiffskollisionen verhindern, weil ein Telemobiloskop an Bord rechtzeitig warnt, wenn sich ein Schiff nähern sollte.

Und damit zur Vorführung: Der Apparat wird in Betrieb gesetzt und – funktioniert! Die Klingel schlägt an, meldet ein Schiff, das noch drei Kilometer entfernt ist. Und das Telemobiloskop kann sogar die Richtung angeben. Die Herrschaften sind durchaus beeindruckt, selbst in der *New York Times* wird ein Artikel über diese Vorführung in Köln erscheinen. Man hat eine Technik gesehen, ohne die weder der heutige Schiffsverkehr noch moderner Flugbetrieb möglich geworden wäre. Dumm nur, dass offenbar niemand der Augenzeugen von damals wirklich begriffen hat, welches Potenzial in dieser Apparatur schlummerte. Das Telemobiloskop ist das **Ur-Radar.**

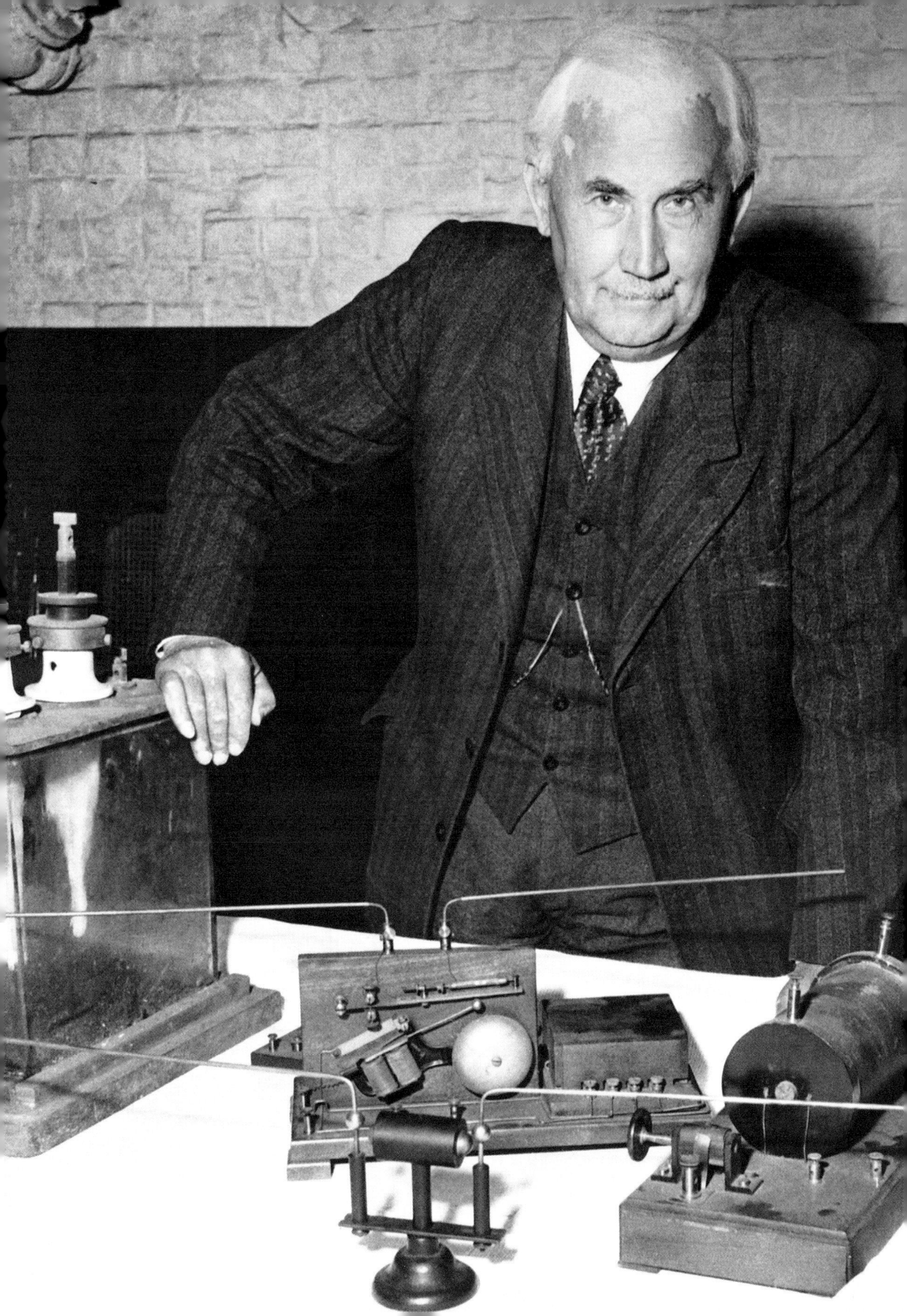

WER HAT'S ERFUNDEN?

Der Mann, der all die Leute zusammengetrommelt hat, heißt **Christian Hülsmeyer** (1881–1957). Knapp drei Wochen vor dem denkwürdigen Tag am Rhein hatte er seine Erfindung zum **Patent** angemeldet: ein **„Verfahren, um entfernte metallische Gegenstände mittels elektrischer Wellen einem Beobachter zu melden"**. Mit Partner Heinrich Mannheim und 5000 Reichsmark Startkapital hatte er die **„Telemobiloskop-Gesellschaft Hüls-**

70 *Das Telemobiloskop – der Zeit voraus*

meyer und Mannheim" gegründet. Die Vorführung von Köln sollte – wie man es heute nennen würde – der Kick-off für eine neue Technologie sein. Eine Technologie, an der Hülsmeyer schon lange gearbeitet hatte.

Der Zimmermannssohn aus Niedersachsen hätte eigentlich Lehrer werden sollen. Im Lehrerseminar in Bremen hatte er einen Physiklehrer, der seine Begabung erkannte: Er ließ ihn im Labor der Schule experimentieren. Hülsmeyers **Idee, mit elektromagnetischen Wellen ein Warngerät zu konstruieren,** nahm Formen an.

Der Physiker Heinrich Hertz hatte 1886 diese elektromagnetischen Wellen entdeckt und dabei ganz nebenbei festgestellt, dass diese Wellen von metallischen Gegenständen reflektiert wurden. Mit dieser Erkenntnis wusste offenbar niemand etwas Nützliches anzufangen – außer eben Christian Hülsmeyer.

Lehrer zu werden kam nun nicht mehr infrage. Hülsmeyer wollte erfinden. 1902 zog er zu seinem Bruder Wilhelm nach Düsseldorf, experimentierte weiter. Zwei Jahre später hatte er sein Patent. Das Telemobiloskop sollte auf Schiffen eingebaut werden und vor Kollisionen warnen. Aber davon konnte der Erfinder die Verantwortlichen einfach nicht überzeugen. Kurz nach der Vorführung von Köln baute Hülsmeyer seinen Apparat vor Direktoren internationaler Schifffahrtslinien auf, beim „Technical Nautical Meeting" in Rotterdam. Wieder gelang der Versuch, wieder beließen es die Herren bei freundlichem Interesse. Die deutsche Kriegsmarine winkte ebenfalls ab – mit der einfältigen Begründung: Ein Nebelhorn habe doch eine größere Reichweite als dieses Telemobiloskop. Obwohl Hülsmeyer schon bald den zunächst noch fehlenden Entfernungsmesser nachreichen konnte, biss niemand an.

ES FUNKTIONIERT – ABER NIEMAND WILL ES HABEN.

Gut ein Jahr später gab Hülsmeyer auf. Er ließ seine Firma aus dem Firmenregister löschen, aber gebrochen war er nicht: Schon **1906** taucht in diesem Register das nächste **Hülsmeyer-Unternehmen** auf: **„Christian Hülsmeyer Kessel- und Apparatebau".** Von elektromagnetischen Wellen hatte er genug – jetzt ging es um neue Wasserfilter und Rostschutz für Kessel, um Teile für Hochdruck-Armaturen. Klingt lange nicht so spannend, brachte aber dafür ganz offensichtlich deutlich mehr Geld ein. 1910 kauft er für seine Firma ein Grundstück im Düsseldorfer Stadtteil Flingern, heiratet und bekommt sechs Kinder. **180 Patente meldet Hülsmeyer im Lauf seines Erfinderlebens an.** Sie machen ihn und seine Familie, wenn nicht reich, so doch zumindest wohlhabend.

Und am Ende seines Lebens begreift die Welt doch noch, was sie Christian Hülsmeyer verdankt: 1953 erkennen Fachleute auf einer Radarkonferenz in Frankfurt seine Pionierleistung an, später ehrt ihn auch der damalige Bundeskanzler Konrad Adenauer. 1957 stirbt Christian Hülsmeyer in Ahrweiler. **Was als Hülsmeyers „Telemobiloskop" begann, lebt als „Radar" bis heute weiter.**

... UND HEUTE?

Die Fachwelt ist sich einig: **Hülsmeyer kam einfach zu früh.** Wichtige elektronische Bauteile, die seine Erfindung leistungsfähiger und praxistauglicher hätten machen können, waren einfach noch nicht erfunden. **Erst in den 1930er-Jahren wurde seine Idee wieder aufgegriffen.** Die Zeit ist nun reif und der Zweite Weltkrieg beschleunigt die Entwicklung. In Deutschland, der Sowjetunion und Großbritannien werden nun fast zeitgleich elektronische Ortungssysteme entwickelt. Den Briten hilft ihr neues Flug-Radar entscheidend, die deutschen Angriffe bei der Luftschlacht um England abzuwehren.

Der Brite Robert Watson-Watt wird zum offiziellen Erfinder eines Systems, das man schließlich „radio detection and ranging" nennt, abgekürzt: Radar. Es wird zur Universaltechnik: Schiffe und Flugzeuge werden damit ausgerüstet, später werden Radar-Geräte zur Abstandswarnung oder als Einparkhilfe bei Autos eingesetzt. Aus dem Weltraum wird die Erde per Radar vermessen, Radar-Anlagen liefern Daten für Wetterstationen.

Vor wenigen Jahren haben Techniker versucht, zu Ehren von Christian Hülsmeyer das Telemobiloskop nachzubauen. Vergeblich. Heute schwirren derart viele Funkwellen durch die Luft, dass das Gerät nichts mehr sicher orten kann. Es bleibt also bei dem einen Exemplar, dessen Warnglocke 1904 am Rhein erklang. Es steht heute im Deutschen Museum in München. Und kaum ein Besucher dürfte auf Anhieb begreifen, was er da vor sich hat. Genau wie damals.

Christian Hülsmeyer, Pionier der Radartechnik

Penaten-Creme – Klassiker der Kinderpflege

RÖMISCHE GÖTTER GEGEN WUNDE POPOS

11
1904

Manchmal bewirken Erfinder Fortschritt. Manchmal beseitigen sie auch nur die Nebenwirkungen des Fortschritts: Wir gehen gedanklich mal in eine Zeit zurück, in der an Einwegwindeln nicht einmal zu denken war. Babys wurden in mehrere Lagen Stoffwindeln gewickelt. Eine davon war in Fett oder Wachs getaucht, damit die ganze Sache einigermaßen trocken blieb. Dennoch kam so meist noch genügend Luft an die Haut. Umständlich war das Ganze natürlich schon.

Darum waren diese gummierten Windelhöschen, die im 19. Jahrhundert aufkamen und die man über eine Lage Stoffwindeln ziehen konnte, schon eine ziemliche Erleichterung: Keine Feuchtigkeit konnte jetzt mehr nach außen dringen. Allerdings waren diese Gummihosen alles andere als atmungsaktiv. Und so hatte der Fortschritt Nebenwirkungen: Der Baby-Haut tat das nicht wirklich gut. Wunde Baby-Hintern wurden zum Problem. Auf einmal lernten junge Mütter so hässliche Worte wie „Windeldermatitis". Nun wurde mit allen möglichen Mittelchen dagegen angepudert und angecremt. So richtig gut aber scheint keines der vielen Mittel gewesen zu sein.

ERST KAM DIE WINDEL, DANN DER WUNDE PO.

Hier wartete also ein Markt auf das richtige Produkt. Und ein **Drogist in Rhöndorf –** heute ein Teil von Bad Honnef – sollte es finden. Dass in solchen Drogerien vom Heilmittel bis zum Pflegeprodukt Dinge selbst zusammengerührt wurden, war zu Beginn des 20. Jahrhunderts immer noch absolut üblich. In dieser Drogerie hatte sich der Inhaber nun der wunden Baby-Haut verschrieben. Er sprach mit Müttern, experimentierte, probierte aus.

Dabei muss er irgendwann auf **Wollfett** gestoßen sein, ein Fett, das man durch Auskochen von Schafswolle erhält. **Dass so etwas wunder Haut guttut, war schon in der Antike bekannt.** Irgendwann aber ging dieses Wissen verloren, wie so vieles, was die alten Griechen und Römer schon gewusst hatten. Ende des 19. Jahrhunderts aber erinnerte man sich an dieses segensreiche Material. 1882 gelang es, eine gereinigte Form dieses Wollfetts herzustellen, das **Lanolin.** Auf Deutsch: Wollfett.

So ein Wollfett wurde die Grundlage der neuen Baby-Creme. Der Drogist wusste außerdem: **Zinkoxid** hilft, Haut zu trocknen. Genau das war

PENATEN PUDER
Dr. med. Riese
ZUR WUND- KINDER UND KÖRPERPFLEGE
PENATEN PUDER
Dr. med. Riese
ZUR WUND- KINDER UND KÖRPERPFLEGE
FUSS-PUDER
PENATEN
Marsch-Packung
PRÄSERVATIV-CREME
PENATEN-CREME
Zur Haut- und Kinderpflege
Dr. med. Max Riese
Penaten
Präservativ-Creme
Marke „Marschfest"
ZUR PFLEGE DER FÜSSE
PENATEN-CREME
Zur Wund- Kinder- u. Hautpflege
Dr. med. Max Riese
PREIS 55 PFG.
NEUER PREIS 50 PFG.
PENATEN-CREME
ZUR WUND- KINDER- UND HAUTPFLEGE
Dr. med. Riese
PENATEN-CREME
ZUR HAUT- UND KINDERPFLEGE
Dr. med. Riese
Penaten
Präservativ-Creme
Marke „Marschfest"
ZUR PFLEGE DER FÜSSE
PENATEN-CREME
Zur Haut- und Kinderpflege
PREIS 25 PFG.

PENATEN-CRÈME
Hautconservirungsmittel
Preis 25 PF.

hier gewollt. Nun brauchte er nur noch das richtige Mischungsverhältnis, ein wenig Duftstoff und musste das Ganze zu einer gut verstreichbaren Creme emulgieren. Das war nun kein Hexenwerk mehr. Am **17. September 1904** meldete der Erfinder beim Reichspatentamt in Berlin sein **„Hautkonservierungsmittel" zum Patent** an.

Ach ja, einen Namen brauchte die Sache noch. Den ließ sich seine Frau einfallen. Man benannte die Creme nach den römischen Schutzgöttern des Haushalts und der Vorräte: „Penaten".

WER HAT'S ERFUNDEN?

Mit seiner **Penaten-Creme** hat **Max Riese** (1868–1943), der verhinderte Apotheker, ein Produkt entwickelt, das zum **Synonym für Babypflege** wurde. Riese war 36, als er die Penaten-Creme erfand. Er war nur Drogist geworden, weil sein eigentlicher Berufswunsch, Apotheker zu werden, nicht in Erfüllung gegangen war. Die erste Drogerie hatte er in Düsseldorf eröffnet, dann hatte er einen Laden in der Kölner Ehrenstraße. Dort arbeitete er schon mit einem anderen Drogisten an diversen Salben. Die Suche nach der Säuglingscreme hatte begonnen.

1898 dann der Umzug nach Rhöndorf, wo ihm die Kundschaft jetzt seine Penaten-Creme aus den Händen riss: Tausende Creme-Dosen gingen über die Ladentheke. Schon bald brauchte Riese größere Räume, um die Nachfrage zu befriedigen. So entstand **1908** – immer noch in Rhöndorf – die **„Penaten, Fabrik Pharm. Spezialitäten"**. Riese war nun ein Fabrikherr. Ende der 1920er-Jahre produzierte seine Firma rund 360.000 Dosen im Jahr, 1939 waren es dann mehr als 6 Millionen.

SCHÄFER, SCHAF UND BLAUE DOSE. Ganze Baby-Generationen bekamen das Wollfett aus Rhöndorf auf den zarten Baby-Po geschmiert. Riese hatte einen **Markenartikel par excellence** kreiert. Die Dose mit dem Schäfer, der an den Hauptbestandteil erinnert: Wollfett aus Schafswolle, die hellblaue Farbe und der unverwechselbare Name.

1943 starb Max Riese. Seine beiden Söhne Alfred und Max übernahmen die Firma. Ein dritter Sohn war im Krieg gestorben. Die Rieses hatten Pech: Zwei Tage vor Kriegsende wurde das Penaten-Werk noch schwer beschädigt. Man musste unmittelbar nach Kriegsende auf andere Standorte in der Stadt ausweichen – aber produziert wurde sofort wieder. Der **Markenname,** der längst zum **Gattungsbegriff für Baby-Salbe** geworden war, ähnlich wie „Tempo" für Papiertaschentücher oder „Tesa" für Klebestreifen, er funktionierte auch im Nachkriegsdeutschland.

Penaten hatte in den 1950ern nicht nur den Klassiker im Programm. Es gab nun vom Puder bis zum Shampoo **alles für die Babypflege.**

Das in den 1970ern erbaute Verwaltungsgebäude mit einer Fassade in Penaten-Farbe

… UND HEUTE?

Auf Alfred und Max Riese folgten weitere Familienmitglieder, Penaten leistete sich einen Neubau in den Firmenfarben Blau und Gold, die Familie lebt gut von der Erfindung des Firmengründers. Die starke Marke zieht die Aufmerksamkeit der großen Kosmetik-Konzerne auf sich: 1986 übernimmt der US-Pharma- und Konsumgüterriese Johnson & Johnson Penaten. Eine Familientradition geht zu Ende und nach einigen Jahren auch die Produktion in Rhöndorf. Der internationale Großkonzern verlagert die Produktion nach Italien und Frankreich. Am Rhein verlieren 225 Mitarbeiter ihren Job.

Das Penaten-Verwaltungsgebäude, von dem der Rhöndorfer Konrad Adenauer sagte: „Dieses grelle Erscheinungsbild stört den Charakter des Ortes", wurde zum Seniorenzentrum. Sonst erinnert kaum noch etwas daran, dass einst die allermeisten im Ort ihr Geld mit wunden Baby-Hintern verdienten.

Römische Götter gegen wunde Popos

12
1907

Persil – das erste selbsttätige Waschmittel der Welt

REVOLUTION IN DER WASCHKÜCHE

Am Anfang war die Werbung: Am 6. Juni 1907 erschien in der Düsseldorfer Zeitung diese Anzeige:

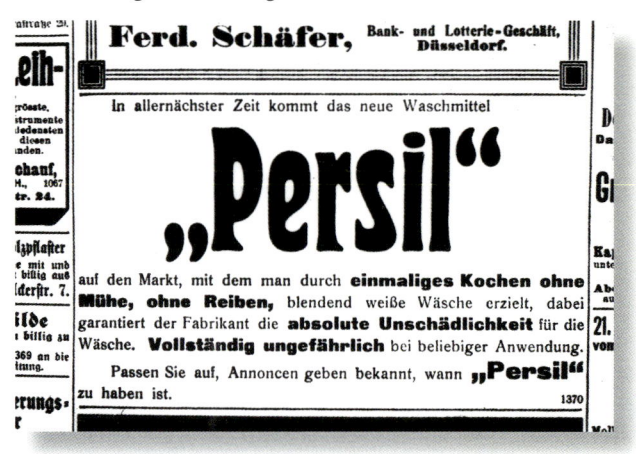

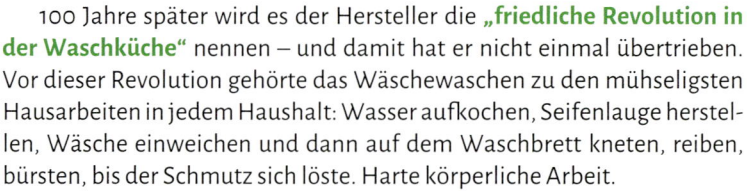

100 Jahre später wird es der Hersteller die **„friedliche Revolution in der Waschküche"** nennen – und damit hat er nicht einmal übertrieben. Vor dieser Revolution gehörte das Wäschewaschen zu den mühseligsten Hausarbeiten in jedem Haushalt: Wasser aufkochen, Seifenlauge herstellen, Wäsche einweichen und dann auf dem Waschbrett kneten, reiben, bürsten, bis der Schmutz sich löste. Harte körperliche Arbeit.

Und dann die Bleiche: Weil im Wasser oft Eisen war, vergilbte vor allem die weiße Wäsche durch das Waschen. Dagegen half die „Rasenbleiche": Man legte die frisch gewaschene Wäsche auf eine Wiese, das Sonnenlicht machte sie wieder weiß. Nur, wenn dann wirklich mal die Sonne schien: Wer hatte in den wachsenden Städten des frühen Industriezeitalters noch eine Wiese hinter dem Haus? Es gab zwar schon Versuche, die Wäsche mit **Chlor** zu bleichen, aber Chlor konnte nicht nur die Wäsche ruinieren, sondern war auch gesundheitsschädlich: Es verätzte die Schleimhäute, ließ Hände blutig werden und schon bei leichten Dosierfehlern war die Wäsche dahin.

Die weiße Dame: Persils erste Werbeikone

Persil

Die Fabrik in Düsseldorf-Holthausen um die Jahrhundertwende

Und nun stand da plötzlich diese **grüne Schachtel aus Strohkarton** in den Läden und versprach: **„Modernes Waschmittel – Einfachste Anwendung",** und in weißer Schrift hervorgehoben: **„ohne Bleiche, ohne Reiben".** Der Waschtag – ab jetzt ein Kinderspiel?

Die Bequemlichkeit hatte ihren Preis: 35 Pfennige kostete die 250-Gramm-Packung. Andere Waschmittel zu der Zeit kosteten nur 10 oder 15 Pfennige. Zu teuer? Auf der Packung stand: „Zusatz von Seife oder Soda ist nicht notwendig. Persil ist daher das billigste Waschmittel".

Seife war also schon drin. Und das bis dahin oft verwendete **Soda,** das die Wäsche bleichen, also schön weiß machen sollte, brauchte man auch nicht mehr. Das neue Waschmittel bestand im Wesentlichen aus **Silikat** und **Perborat.** Und in diesem Perborat steckte die wirkliche Revolution. Ein **neues Bleichmittel,** das Sauerstoff enthielt. Im heißen Wasser perlte der Sauerstoff aus und bleichte die Wäsche. Ganz **ohne Sonnenlicht und ohne Chlor.**

Aus den Anfangssilben der beiden Stoffe Perborat und Silikat entstand somit einer der bis heute bekanntesten Markennamen der Wirtschaftsgeschichte: Persil.

WER HAT'S ERFUNDEN?

Persil ist – na klar – von **Henkel**. Aber es war nicht der Unternehmensgründer, der das bis heute bekannteste Produkt der Firma erfand. Es war sein Sohn: **Hugo Henkel** (1881–1952). Der hatte in Berlin und Stuttgart Chemie studiert. Jetzt trat er in die Firma seines Vaters ein: **„Henkel & Cie."** in Düsseldorf.

Friedrich Karl – genannt Fritz – Henkel (1848–1930) hatte 1876 seine Waschmittel-Fabrik in Aachen gegründet. Zwei Jahre später zog er wegen der besseren Verkehrsanbindung nach Düsseldorf. „Henkel's Bleich-Soda" verkaufte sich blendend. Sein Waschpulver wurde nicht lose angeboten, sondern in handlichen Päckchen. Ein Markenartikel. Die Firma wurde größer und größer. **Fritz Henkel senior** holte seinen ersten Sohn **Fritz Henkel junior** (1875–1930) in den Betrieb. Der kümmerte sich vor allem ums Kaufmännische.

HUGO HENKEL: VON DER UNI INS LABOR.

1905 kam auch der jüngere Sohn Hugo ins Unternehmen. Der erste voll ausgebildete Chemiker in der Familie. Gerade mal 24 Jahre alt und – wie er selbst schrieb – „frisch von der Universität, ohne jede industrielle Praxis". Und er brachte einen Studienfreund mit: **Hermann Weber.** Sie durften forschen, ausprobieren, Neues wagen. „Kein Ballast von irgendwelchen Erfahrungen störte unsere Pläne." Ihre Aufgabe: **das Waschmittel der Zukunft** finden.

Die Waschkraft von Henkel's Bleich-Soda war begrenzt, das Produkt in die Jahre gekommen. Es wurde Zeit für etwas Neues. Mit sauerstoffhaltigen Salzen wollten Hugo Henkel und Hermann Weber vor allem das Bleich-Problem im Waschmittel lösen. Weber probierte eine ganze Reihe solcher Salze aus. Da stieß er auf einen Stoff, den das Frankfurter Chemieunternehmen Degussa unter dem Namen **„Oxygenol"** herstellte. Es war ein **Natriumperborat.** Ideal für das, was die Henkel-Chemiker brauchten: Wird das Wasser heiß, sprudelt der Sauerstoff aus dem Perborat und macht die Wäsche weiß. Henkel fügte Silikat hinzu, das dosiert und verlängert den Sprudel-Effekt. Es kam noch besser: Anders als beim Bleich-Vorgänger Chlor schonte Perborat die Wäsche und war geruchlos. Wäsche reinigen mit Chemie statt mechanisch auf dem Waschbrett. Eine der wichtigsten Erfindungen des 20. Jahrhunderts war gemacht.

Henkel, der damals kleine Waschmittelhersteller aus Düsseldorf, sicherte sich die gesamte Oxygenol-Produktion der großen Degussa: 200 Kilo pro Tag, mit der Bitte um schnelle Erweiterung der Produktionskapazitäten. Zehn Jahre lang. Offenbar war Degussa zunächst skeptisch, ob die Henkels mit ihrem Persil wirklich derartige Mengen abnehmen konnten. Im Vertrag musste sich Henkel verpflichten, in den ersten zwei Jahren „100.000 Mark per Jahr für Zeitungsreklame ... in bar zu verauslagen". Waschmittel ohne Werbung, das war offenbar schon damals undenkbar.

Das Henkel-Labor für Organische Chemie 1911

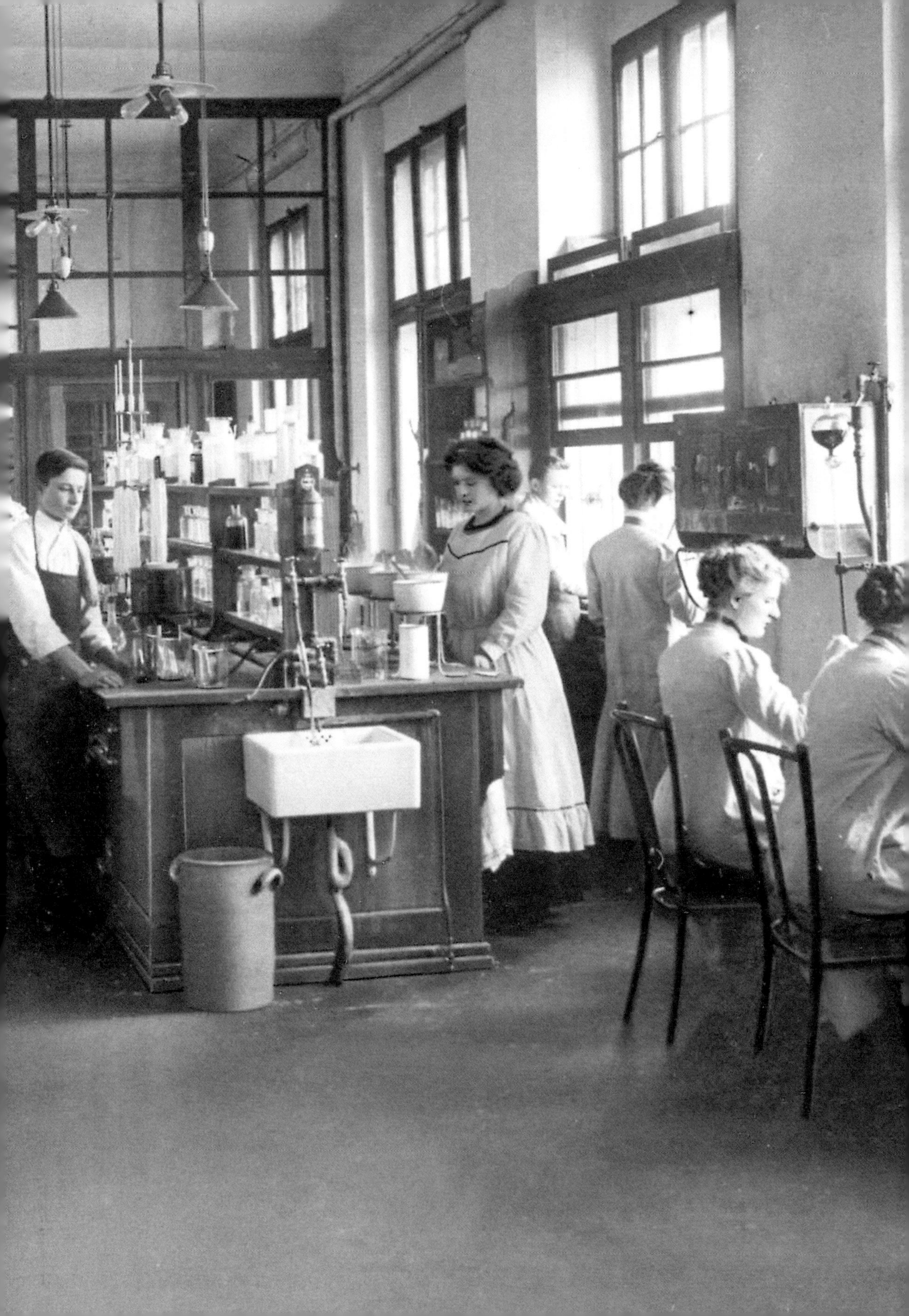

Persil war **nicht nur ein chemischer Fortschritt.** Es hat auch das Familienleben verändert: Als das Mittel auf den Markt kam, lebten immer mehr Menschen in großstädtischen Mietskasernen. Die Wohnungen waren eng und überbelegt. Waschtage waren unter diesen Bedingungen eine Zumutung. Während sich die gutbürgerliche Familie eine Wäscherin leistete, die alles im Waschhaus erledigte, mussten sich die Frauen im Arbeiterhaushalt selbst plagen – mit Muskelkraft und Chlorbleiche.

Was für eine **Erleichterung** muss das **erste selbsttätige Waschmittel** gebracht haben: „Man lasse die Wäsche in der Lauge einige Stunden, am bequemsten über Nacht, stehen. Zeitweiliges Umrühren ist wünschenswert." Schon ein Jahr nach der Markteinführung schrieb Fritz Henkel an seinen Rohstoff-Lieferanten Degussa: „Wir können heute mit aller Bestimmtheit sagen, daß die Sauerstoffwaschmittel berufen sein werden, einen vollständigen Umschwung in den Waschmitteln herbeizuführen. … Die Hausfrauen haben rasch erkannt, daß die Ausgiebigkeit, die Zeitersparnis, die Schönheit der damit erzielten Wäsche den höheren Preis rechtfertigen."

Mit Messbecher und Tüte: Persil-Packerei 1907

… UND HEUTE?

Fritz Henkel mag sich für die erleichterte Hausfrau gefreut haben – das Wichtigste in seinem Brief von 1908 dürfte aber dieser Satz gewesen sein: „Wir können zu unserer Freude konstatieren, daß bereits der Juli für uns kleine Überschüsse gebracht hat." Bei kleinen Überschüssen blieb es nicht. Der Persil-Erfolg machte aus dem Waschmittelbetrieb einen Chemie-Weltkonzern, der sein Geld schon sehr bald nicht mehr nur mit Waschmitteln verdiente: Reinigungsmittel, Klebstoffe, Kosmetik, Körperpflege-Produkte kamen dazu. Mehr als 50.000 Henkel-Mitarbeiter weltweit erwirtschafteten 2016 einen Umsatz von 18,7 Milliarden Euro.

Damit wurde Henkel zu einem der wichtigsten Arbeitgeber der Stadt. Die riesige Werksfläche macht ungefähr ein Viertel des Düsseldorfer Stadtteils Holthausen aus. Allein hier arbeiten rund 10.000 Mitarbeiter, gehen jährlich 120.000 Besucher ein und aus, fahren jeden Tag 450 Lkw ins Werk. Und selbst die Altstadt-Touristen können die Verbindung zwischen Henkel und Düsseldorf kaum übersehen: Auf dem bekannten Burgplatz steht eine der „Persil-Uhren" mit der weißen Dame, der historischen Persil-Werbefigur.

Die chemische Zusammensetzung von Persil hat sich in 110 Jahren immer wieder geändert. Was blieb, war die Marke und ihr Name. Obwohl sich das kaiserliche Patentamt einst geziert hatte, das Wort als Marke überhaupt anzuerkennen. Begründung: Persil, das sei doch nur das französische Wort für Petersilie.

Melitta – der erste Kaffeefilter aus Papier

KRÜMELFREIER KAFFEEGENUSS

13

1908

Deutschland am Beginn des 20. Jahrhunderts: Das Leben ist schneller geworden. Maschinen geben den Takt vor, der Puls der Fabriken bestimmt das Lebenstempo der Menschen. Der Kaffee ist das richtige Getränk für diese Zeit.

Lange war er teures Genussmittel des Adels und der Reichen. Das ist nun vorbei. Jetzt macht er die Arbeiter wach, die in der Frühe zur Fabrik aufbrechen. Er betäubt das Hungerfühl, wenigstens für eine Zeit. Die Kaffeepause gliedert den Arbeitstag. Mit Kaffee und Kuchen belohnt man sich am Wochenende.

Nur mit der Zubereitung, da hapert es: Meist wird der Kaffee einfach in der Tasse aufgegossen. Spätestens wenn der Tasseninhalt zur Neige geht, trinkt man den lästigen Kaffeesatz mit. Und der Geschmack wird bitter.

Es gibt zwar allerhand Filter-Apparaturen – Filter, durch die man den Kaffee in die Tasse oder eine zweite Kanne gießt, Kannen mit Filter-Aufsätzen, zylindrische Kannen, in denen man einen Filter zu Boden drückt –, doch sie alle haben ein Problem: Damit der Kaffee einigermaßen zügig durchlaufen kann, müssen die Löcher im Filter so groß sein, dass sie längst nicht das ganze Kaffeemehl zurückhalten können. Macht man die Löcher kleiner, verstopfen sie.

Schließlich versuchte man es mit Stoffbeuteln, durch die man das Kaffeewasser goss. Vor jedem neuen Kaffee musste man die Beutel umständlich auswaschen. Aber es war ein Schritt in die **Richtung, die ab 1908 das Kaffeetrinken für immer verändern sollte:**

Wer in diesen Zeiten am Schaufenster eines Haushaltswaren-Geschäfts vorbeikam, dem konnte es passieren, dass er ein seltsames Schauspiel erlebte: Da stand ein Mann im Fenster, einen Metallbecher mit Griff in der Hand. Der Becherboden hatte Löcher. Jetzt kam der Clou: Er nahm ein rund zugeschnittenes, faseriges Papier, das genau in den Becher passte. Auf das Papier kam das Kaffeepulver. Und auf den Becher ein ebenfalls löchriger Aufsatz, der „Wasserverteiler". Jetzt konnte man das Ganze auf eine ganz normale Kaffeekanne setzen und Wasser hineingießen. Das

Hier wurde der Kaffeefilter erfunden

MODE SALON
J. Schifferdecker

Drogerie

Papier hielt das Pulver komplett zurück, doch das Wasser lief trotzdem durch. Im Becher war Kaffee. Aromatischer denn je und vor allem: ohne Kaffeesatz. Der Mann im Schaufenster hieß **Hugo Bentz.** Was er da vorführte, sollte schon bald in fast jeder Küche stehen: **der Melitta-Filter.**

WER HAT'S ERFUNDEN?

Amalie Auguste Melitta Liebscher (1873–1950) muss eine energische Frau gewesen sein. Unternehmertum lag in der Familie: Die Großeltern hatten eine Brauerei, der Vater war Verlagsbuchhändler. Sie heiratet Johannes Emil Hugo Bentz, damals noch Abteilungsleiter in einem Kaufhaus. Melitta Bentz bekommt zwei Söhne. Die Familie zieht in die Dresdener Marschall Straße.

Ausgelastet ist die Unternehmerstochter als Hausfrau nicht. Sie tüftelt. Am Kaffee-Problem. In einen alten Messingtopf hat sie mit Hammer und Nagel Löcher getrieben. Jetzt fehlt nur noch der richtige Filter. Ein Blick auf das Schulheft ihres Sohnes Willy bringt sie auf die entscheidende Idee: das Löschblatt!

AMALIE AUGUSTE MELITTA LIEBSCHER

Melitta Bentz schneidet das Löschpapier zurecht, legt es auf den löchrigen Topfboden und: Es funktioniert! Ganz langsam tröpfelt der Kaffee durch, ohne Kaffeesatz, dafür mit einem deutlich verbesserten Aroma: der erste Melitta-Filter.

Das Löschblatt selbst ist noch nicht ideal, Melitta Bentz experimentiert weiter, bis sie das richtige Papier gefunden hat. Am **20. Juni 1908** bekommt sie vom Kaiserlichen Patentamt in Berlin **Gebrauchsmusterschutz** für einen „mit Filtrierpapier arbeitenden Kaffeefilter mit auf der Unterseite gewölbtem Boden sowie mit schräg gerichteten Durchflusslöchern". Eine **bahnbrechende Erfindung** ist gemacht.

Von der Familienwohnung zur Fabrik: Melitta Minden im Bau

Als Filtertüten noch Handarbeit waren

Nun schlägt Melittas Unternehmergeist durch: Beim Dresdner Gewerbeamt meldet sie am 15. Dezember ein Geschäft an. Startkapital: 72 Pfennige. Die Belegschaft: die Familie. Ihr Mann Hugo kündigt seine Stellung im Kaufhaus. Auch die Söhne Horst und Willy müssen mitarbeiten. Firmensitz: ein Zimmer in der Bentz'schen Wohnung.

Acht Quadratmeter groß ist die Melitta-„Fabrik". Ein Packtisch, ein Schreibtisch, ein paar Regale. Eine Papierfabrik in der Nähe liefert das Filterpapier. Ein westfälischer Metallbetrieb die Filter. 50 Filter und 100 Kartons Filtrierpapier, das ist die erste Charge. Nun braucht man noch den ersten Kunden: Melitta und ihr Mann führen ihre Erfindung in Dresdens damals größtem Haushaltswaren-Geschäft vor. Der Inhaber probiert den Kaffee – und bestellt. Von da an spricht sich die Sache mit den neuen Papier-Filtern herum. Weitere Geschäfte ordern und die Idee mit den Schaufenster-Vorführungen tut ihr Übriges, um die **neue Art des Kaffee-Kochens** bekannt zu machen.

PRODUKTVORFÜHRUNG IM SCHAUFENSTER.

Zuerst fahren die beiden Söhne, gerade mal fünf und zehn Jahre alt, die Ware mit dem Bollerwagen zu den Kunden, doch bald treffen Bestellungen aus allen Teilen des Kaiserreiches ein. Die Firma expandiert, aus dem Wohnstuben-Start-up wird ein richtiges Unternehmen mit Angestellten, Lieferanten und einem Firmengelände.

Krümelfreier Kaffeegenuss

Der Erste Weltkrieg bremst Melitta aus: Das Papier wird knapp, der Kaffee-Import nach Deutschland gestoppt. Die Bentz halten die Familie und die Firma mit dem Verkauf von Kartons über Wasser.

IN MINDEN GEHT ES WEITER. Aber das ist nur ein Intermezzo in der Filter-Geschichte: Nach dem Krieg wächst die Firma noch schneller, bald ist das Gelände in Dresden zu eng. Da fällt Melitta und ihrem Mann bei ihren vielen Geschäftsreisen durchs Reich 1929 in Minden in Westfalen eine stillgelegte Schokoladen-Fabrik auf. Das wird der neue Melitta-Sitz. Und die Stadt Minden betreibt klassische Wirtschaftsförderung: Sie erlässt der neuen Firma für die ersten fünf Jahre alle Ertragssteuern. Von da ab ist Melitta eine NRW-Geschichte.

In Minden bekommt der **Melitta-Filter** dann auch die **Tütenform,** die er bis heute hat. **1936 –** die Firma wird mittlerweile von den beiden Söhnen Willy und Horst geleitet – **lässt sich Melitta den trichterförmigen Filter und die heutige Form der Filtertüte patentieren.** An der Filter-Innenseite sind Rillen, die verhindern, dass die feuchte Filtertüte am Filter klebt. So kann der Kaffee zügig durchlaufen. Melitta nennt das den „Schnellfilter", er funktioniert bis heute so.

90   Melitta – der erste Kaffeefilter aus Papier

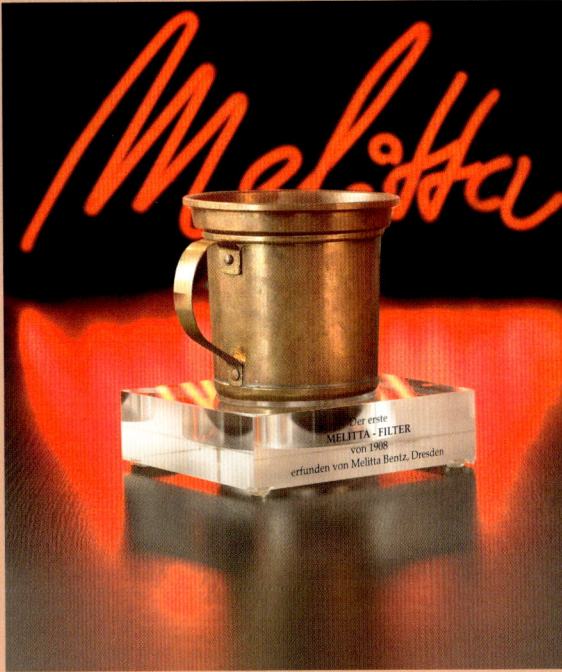

… UND HEUTE?

Was in einer Wohnstube begann, ist ein Großunternehmen geworden: Heute produziert Melitta rund 50 Millionen Kaffeefilter – pro Tag. Und aus der vierköpfigen Familien-Belegschaft sind mehr als 4000 Mitarbeiter geworden. Umsatz 2016: rund 1,4 Milliarden Euro.

Obwohl das Unternehmen heute noch viel mehr produziert als nur Kaffeefilter und Standorte in vier Kontinenten hat: Es ist ein Mindener Unternehmen geblieben. Hier ist noch immer die Zentrale und der Name begegnet einem in der Stadt immer wieder: In der Melitta Straße, im Melitta Freibad – oder im Melitta Werksverkauf.

Jeder Deutsche trinkt – statistisch gesehen – jeden Tag zwei Tassen Kaffee. Seit Melitta Bentz' Idee mit dem Löschblatt hat dabei niemand mehr Kaffeesatz im Mund.

Krümelfreier Kaffeegenuss

14
1908

Hella – der erste Autoscheinwerfer

DIE LUXUS-LINSE AUS LIPPSTADT

Wer in den ersten Jahren des 20. Jahrhunderts mit dem Auto fahren wollte, der tat gut daran, das tagsüber zu machen. Denn mit dem Licht war das so eine Sache. Ein Auto – damals ohnehin nur etwas für Reiche – wurde üblicherweise völlig ohne Licht ausgeliefert. Lampen galten als Sonderausstattung und mussten extra gekauft werden. Und so etwas wie Rücklichter gab es schon überhaupt nicht. Gesetzliche Vorschriften zur Autobeleuchtung? Fehlanzeige.

Wer sich den Luxus einer Autolampe leistete, bekam – nach heutigem Maßstab – eine Funzel. Laternen, in denen eine Kerze vor einem Reflektor brannte. Ein Glas davor, das war's. Lichtausbeute: eine Candela (lat., Kerze). So wurde Helligkeit gemessen. Als Petroleumlampen aufkamen, wurde es immerhin schon ein bisschen heller am Auto: 20 Candela. Auch das aus heutiger Sicht eine Schummerbeleuchtung. Um 1899 kamen dann sogenannte Acetylen-Lampen auf, Laternen, in denen eine Gasflamme brannte.

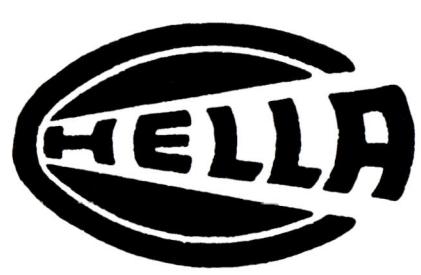

Bei der **„Westfälischen Metall-Industrie Aktien-Gesellschaft"** (WMI) in Lippstadt arbeitet man an einer Verbesserung der funzeligen Autolaternen und findet schließlich eine Lösung. Eine, die bis in die automobile Neuzeit funktionieren sollte. **1908** steht im Verkaufskatalog der Firma ein ganz **neuer Lampentyp: das „System Hella".** Zwar brennt auch hier eine mit Acetylen-Gas befeuerte Flamme, aber statt einfach nur einen Reflektor dahinterzusetzen, platzieren die WMI-Tüftler eine plankonvexe Linse dahinter.

Die hintere runde, konvexe Oberfläche der Linse ist mit Silbermetall überzogen und reflektiert das Licht der Flamme nicht mehr wie ein traditioneller Reflektor in alle Richtungen, sondern gezielt nach vorn. Vor der Flamme ist – in der Luxusversion – außerdem noch eine Sammellinse, die das Licht noch stärker auf den Punkt konzentriert. Der Effekt: Allein diese „Luxus"-Linse verdoppelt die Reichweite von 150 auf 300 Meter. **Die neue Lampe spielt in einer anderen Licht-Liga:** Statt der mickrigen 20 Candela

Westfälische Metallindustrie:
Die Auto-Klempnerei in Lippstadt

92

Die Luxus-Linse aus Lippstadt

der Petroleumleuchten bringt es das neue System auf eine **nie gekannte Lichtstärke von 1000 Candela.**

Zwei Jahre nach der Ankündigung kann WMI liefern: Im Firmen-Verkaufskatalog von 1908 präsentiert man stolz die Acetylen-Leuchte „System Hella". Das ist keine Laterne mehr. **Die Autofahrer lernen ein neues Wort: „Scheinwerfer".**

WER HAT'S ERFUNDEN?

Sally Windmüller musste schon früh Verantwortung übernehmen. 1877, Sally war gerade mal 18 Jahre alt, starb sein Vater. Sally übernahm dessen Futtermittelhandlung und war damit Ernährer und Familienoberhaupt. Der Familie ging es nicht schlecht, die Windmüllers residierten in einem neu gebauten, gutbürgerlichen Stadthaus in Lippstadt. Aber Sally Windmüller war viel zu jung, um sich auf dem Erfolg der Futtermittelhandlung auszuruhen.

SALLY WINDMÜLLER

Es war Gründerzeit in Deutschland. Das Land wandelte sich vom Agrar- zum Industriestaat. Überall entstanden neue Produkte, neue Märkte. Und Sally Windmüller wollte dabei sein: Zusätzlich zu der Futtermittelhandlung ließ er Beschläge herstellen für Wagen und für Pferdegeschirre. 1895 witterte er eine Chance, das Unternehmen entscheidend zu vergrößern: In Neheim, heute ein Teil der sauerländischen Stadt Arnsberg, damals das Zentrum der Petroleumlampen-Herstellung in Deutschland, war die **Laternenfabrik „Cöppius-Schulte-Röttger"** in finanzielle Schwierigkeiten geraten. Windmüller kaufte die Maschinen der Firma auf und wurde damit auf einen Schlag zum Lampenfabrikanten.

Die Motorisierung macht Windmüllers Lampen-Laden zum Großbetrieb

Sally Windmüller war der erste Autobesitzer in Lippstadt

Seine **Spezialität: Laternen für Fahrzeuge.** Kutschen und Fahrräder fuhren mit Windmüllers Petroleumlaternen. Doch der entscheidende Schritt stand noch bevor: 1899 wandelte Windmüller den 122-Mann-Betrieb in eine Aktiengesellschaft um – die Geburtsstunde der Westfälischen Metall-Industrie Aktien-Gesellschaft, kurz WMI. Auch wenn er für Expansionspläne andere Kapitalgeber ins Unternehmen holte, im operativen Geschäft behielt Windmüller alle Fäden in der Hand.

Windmüller setzte auf eine brandneue Technologie: das Automobil. Wenige Jahre vorher hatten Gottlieb Daimler und Carl Benz ihre Motorwagen entwickelt, Deutschland stand am Beginn der Motorisierung. Windmüller war der erste in Lippstadt, der ein eigenes Automobil hatte. Bestückt – natürlich – mit Laternen aus der eigenen Fertigung.

Nicht nur in Deutschland ist Motorisierung ein großes Thema: Windmüller gründet Filialen in London und Paris und treibt die Entwicklung besserer Autolaternen konstant voran. **„Hella" – der erste richtige Scheinwerfer der Autowelt – bringt den Durchbruch, technisch und als Marke.** Der Name geht wahrscheinlich auf Windmüllers Frau Helene zurück. „Hella" war die Kurzform dieses Namens und dass das Wort gesprochen wie „heller" klang, passte prima ins Marketing-Konzept. Schließlich war Helligkeit das entscheidende Merkmal: **„Hella" hatte 50-mal so viel Leuchtkraft wie eine herkömmliche Laterne.**

HELLA LEUCHTET HELLER.

Windmüller selbst konnte den Erfolg seines „Scheinwerfers" nur wenige Jahre genießen. Am 19. Dezember, fünf Tage vor Weihnachten 1921, endete Windmüllers Karriere als Unternehmer, die Familie verlor auf einen Schlag einen großen Teil ihres Besitzes. Was war passiert?

Sally Windmüller hatte im großen Stil beim Militär alte Ausrüstungsgegenstände aufgekauft. Zu billig, wie ein Gericht später befand. Und das war strafbar: Schädigung des Staates. Mit der Urteilsverkündung musste Windmüller, der für sein Unternehmen persönlich haftete, den gesamten Immobilienbesitz abgeben. Die Familie ging nach Berlin, wenig später setzte der einst so umtriebige Unternehmer sich zur Ruhe. 1930 starb Sally Windmüller in Berlin-Wilmersdorf mit 72 Jahren.

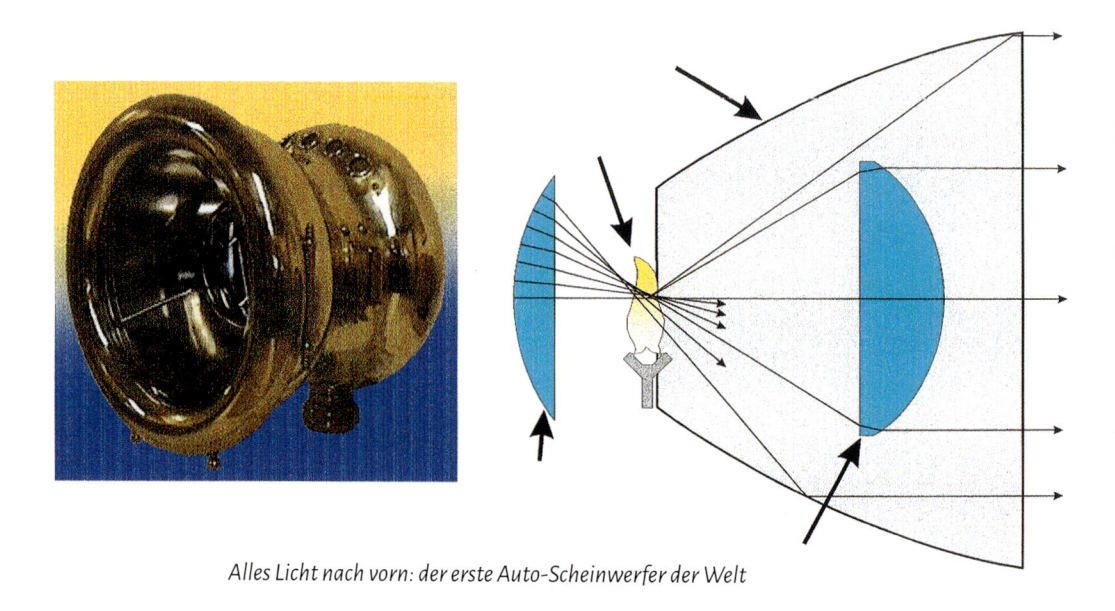

Alles Licht nach vorn: der erste Auto-Scheinwerfer der Welt

96 Hella – der erste Autoscheinwerfer

... UND HEUTE?

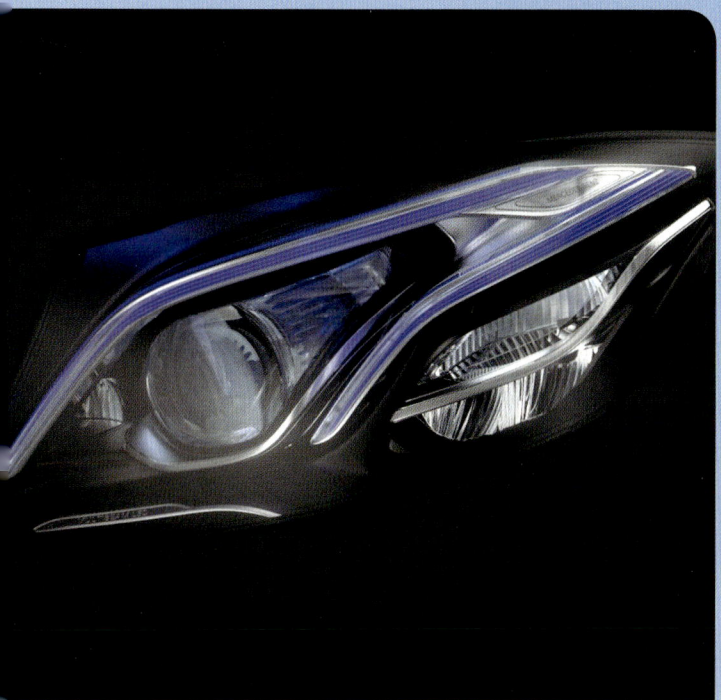

Nach Windmüllers unrühmlichem Abgang übernahm die Lüdenscheider Unternehmerfamilie Hueck die Aktienmehrheit und leitete in Lippstadt eine neue Ära ein: Das Auto bekam eine Batterie, das Licht wurde elektrisch und „Hella" zum offiziellen Markenzeichen. Seit 1986 ist es auch Bestandteil des Firmen-Namens: Hella KG Hueck & Co. Autoscheinwerfer haben sich seitdem technisch immer weiterentwickelt: die BILUX-Birne für Fern- und Abblendlicht (die Zweifaden-Glühlampe, der Markenname „BILUX" von Osram wurde zum Synonym dafür), Halogen-Technik, Kurvenlicht, LED.

Mit dem deutschen Wirtschaftswunder der Nachkriegszeit und dem weltweiten Auto-Boom wächst Hella zu einem der 40 größten Automobil-Zulieferunternehmen weltweit. 6,6 Milliarden Euro Jahresumsatz (2017), 38.000 Mitarbeiter, Standorte in 35 Ländern.

Es hätte übrigens auch alles ganz anders kommen können: Das erste Patent, das sich die Firma 1901 eintragen ließ, hatte mit Lampen rein gar nichts zu tun: Es war das Fitnessgerät „Athlet". Ein Muskel-Trainer mit einstellbarem Schwierigkeitsgrad. Ein totaler Flop, die Produktion wurde schnell eingestellt. Gut, dass Windmüller und seinen Leuten rechtzeitig ein ganz anderes Licht aufgegangen ist.

Die Luxus-Linse aus Lippstadt

15
1913

Die Jungfernfahrt der „Veeh 1"

EIN DÜSSELDORFER UND SEIN TRAUM VOM FLIEGEN

Die Sonne war gerade aufgegangen über der Golzheimer Heide im Norden von Düsseldorf. Vor der Halle der „Deutschen Luftschiffwerft GmbH" aber herrscht schon geschäftiges Treiben: Es ist ein wichtiger Tag für das Unternehmen und der wohl wichtigste Tag im Leben von **Albert Paul Veeh** (1864–1914), dem Gründer des Unternehmens. Es ist der **11. Juli 1913.** Heute soll die **erste Probefahrt der „Veeh 1"** stattfinden. Des **ersten halbstarren Luftschiffs,** so wie es Albert Paul Veeh erfunden und konstruiert hat.

Für Veeh steht viel auf dem Spiel: Seit zwölf Jahren hat er an seinem Luftschiff gearbeitet. **1908 hat er sich die halbstarre Konstruktion patentieren lassen.** Seine Luftschiffe sind anders als die des Grafen Zeppelin: Dessen Luftschiffe haben eine starre Konstruktion, um die die Hülle gezogen ist. Veehs Luftschiff ist halbstarr – das heißt, es hat einen starren Kiel, aber nur ein Teil der gesamten Form ist durch ein Metallskelett fixiert. Und: Veehs Luftschiff kann man auseinandernehmen und an einer anderen Stelle wieder zusammensetzen. Sehr hilfreich, wenn man mal nicht im Luftschiffhafen gelandet ist. Veeh nutzt Mannesmann-Röhren für sein Stahlskelett. Drei Zentimeter Durchmesser, nahtlos. Für diese Röhren hat er eine spezielle Verbindung erfunden, eine, die man eben auseinandernehmen und immer wieder neu zusammensetzen kann. Wie das Gestänge eines Camping-Zeltes.

ALBERT PAUL VEEH

In München hatte er angefangen, an seinem Luftschiff „Veeh 1" zu bauen, aber 1911 wird die Halle, in der Veeh und seine Leute arbeiten, geschlossen. Seitdem entsteht die „Veeh 1" auf der Golzheimer Heide in Düsseldorf. Hier konnte Veeh eine Halle von der Stadt mieten. Veeh steht mächtig unter Druck, das Geld ist knapp. Zwar hat er in Düsseldorf mit Mannesmann, Krupp und der Montanindustriellen-Familie von Stumm ein paar finanzkräftige Sponsoren gefunden, dennoch muss er immer wieder mit

Halle für einen Giganten: die Veeh 1 in Düsseldorf

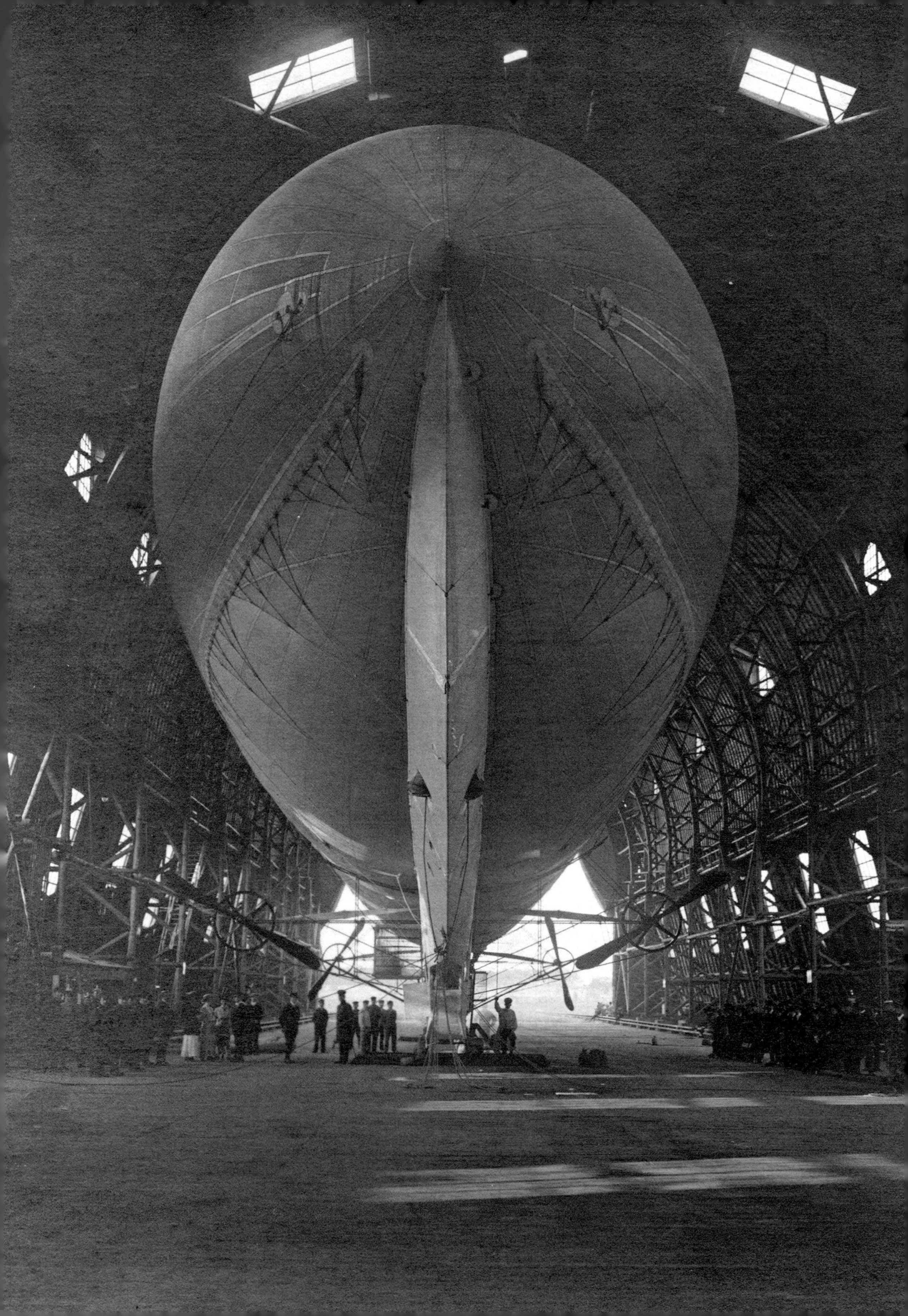

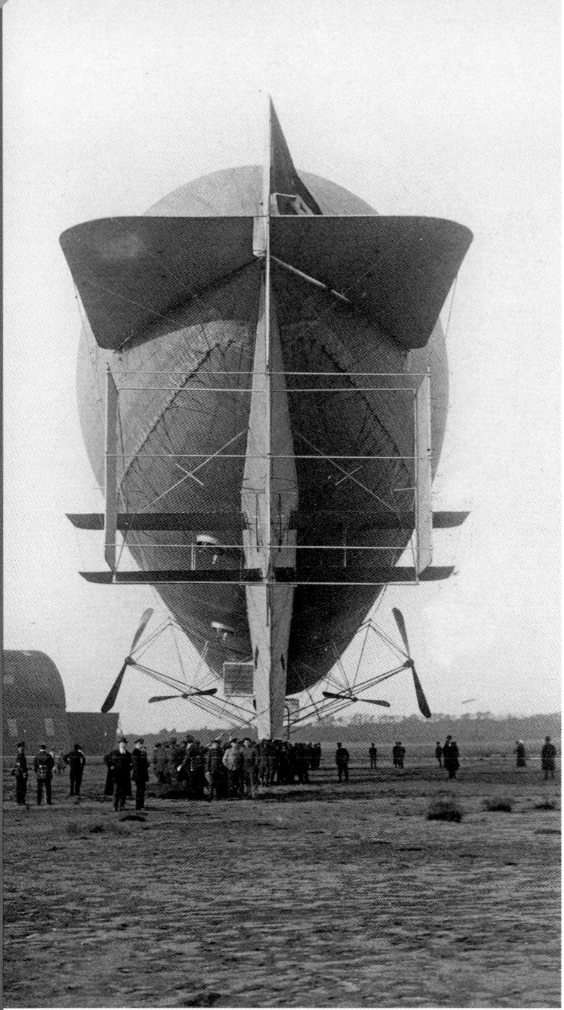

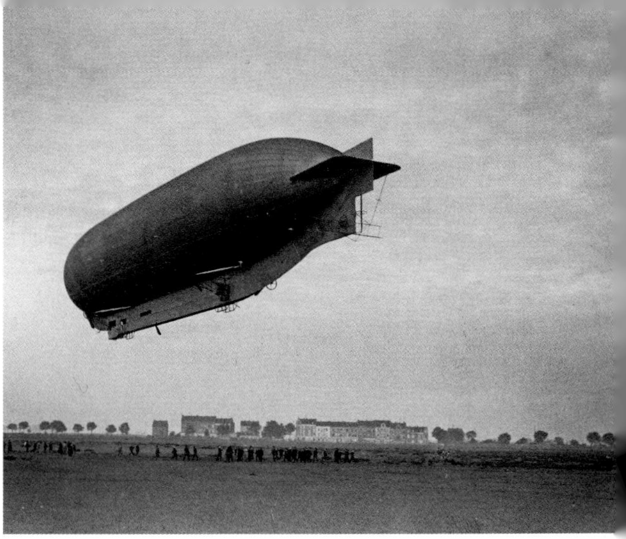

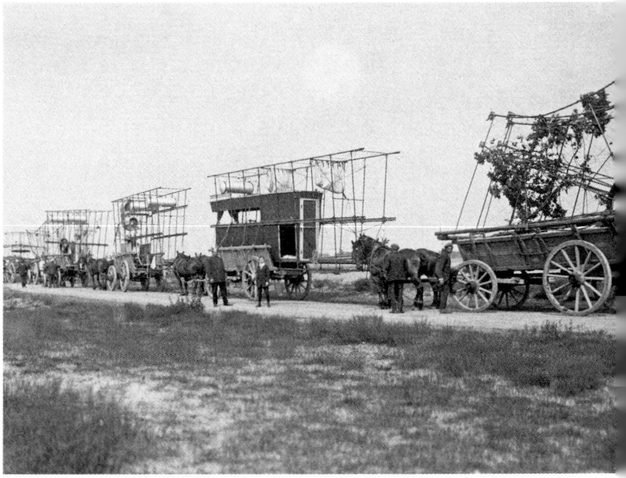

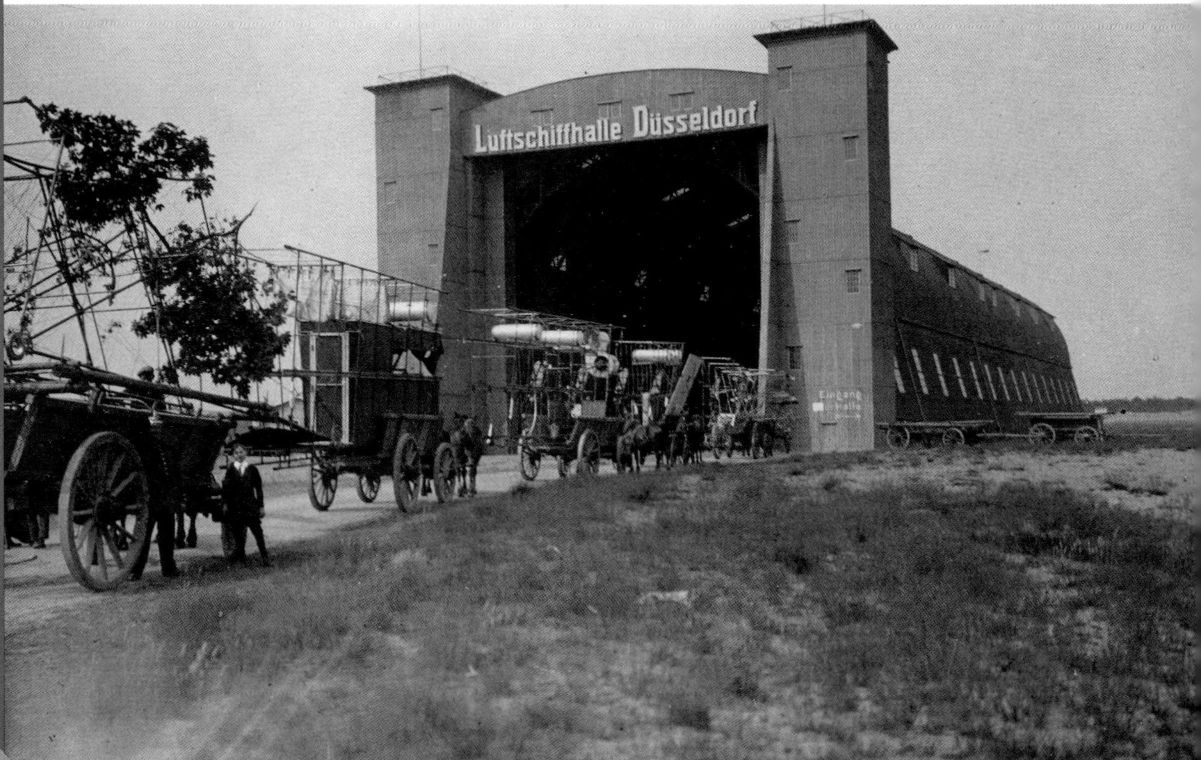
Luftschiffhalle Düsseldorf

Schwierigkeiten kämpfen. Darum wäre eine erfolgreiche Fahrt nun extrem wichtig.

Es ist 5.10 Uhr. Das Luftschiff wird aus der Halle gezogen. Die zehnköpfige Besatzung ist bereit. Auch die „DELAG", die „Deutsche Luftschifffahrt AG", die erste „Airline" der Welt, hat einen ihrer Leute geschickt. Die Herren aus dem Kriegsministerium sitzen mit Paul Veeh und Unternehmensleiter Albert Herkenrath in der Passagierkabine. Das Militär hatte in Veehs Projekt schon 20.000 Mark investiert. 350.000 will das Kriegsministerium für die „Veeh 1" springen lassen, wenn sie es denn für ihre Zwecke tauglich finden. Veeh wäre saniert. Auch deshalb darf heute nichts schiefgehen.

Vor drei Tagen hatte Veeh mit seinen Leuten das Luftschiff schon einmal aufsteigen lassen – probehalber. Es war mühelos auf 175 Meter gestiegen, flog einige Kurven und blieb eine halbe Stunde in der Luft. Aber es gab Probleme mit der Seitensteuerung. In aller Eile hatte man danach versucht, die Steuerung zu verbessern.

Um 5.25 Uhr ist es nun so weit: Die „Veeh 1" steigt auf. Und gleich gibt es Schwierigkeiten: Auf der anderen Rheinseite herrscht dichter Nebel, die Crew verliert die Orientierung. Man wartet zweieinhalb Stunden in 175 Metern Höhe, bis sich der Nebel lichtet. Nun versucht die Besatzung sich beim Flug an der Bahnlinie Düren-Neuß-Düsseldorf zu orientieren, aber die Seitensteuerung funktioniert immer noch nicht so, wie sie soll.

PROBLEME MIT DER STEUERUNG.

Um 9.10 Uhr reiben sich Bauern des Dorfes Oberembt – heute ein Ortsteil von Elsdorf bei Jülich – verwundert die Augen: Auf einem ihrer Feldwege landet ein riesiges Luftschiff. Die „Veeh 1" wird demontiert, wie vorgesehen. Mit Karren schafft man die Teile zurück nach Düsseldorf.

Trotz aller Schwierigkeiten: Veeh wird mit Glückwünschen überhäuft, Briefe, Telegramme, Zeitungsberichte im In- und Ausland. Für einen Moment hat die Luftfahrtwelt nach Düsseldorf geschaut. Luftfahrtpionier Albert Paul Veeh scheint am Ziel seiner Träume.

WER HAT'S ERFUNDEN?

Die erfolgreiche Fahrt eines neuen Luftschiffs ist 1912 noch ein Ereignis. Zu unausgereift ist die ganze Technik noch, immer wieder passieren Unfälle. Gerade ein Jahr zuvor war in Leichlingen bei Köln ein Luftschiff abgestürzt. Die „DELAG" hat gerade erst den Betrieb aufgenommen, aber schon zwei Luftschiffe durch Havarie verloren.

Der Franzose **Henri Giffard** hatte **1852 die erste richtige Fahrt mit einem Luftschiff** hinbekommen, angetrieben von einer Dampfmaschine mit 3 PS. Drei Jahre später explodierte sein Luftschiff. Die Technik kam nicht so recht weiter. Erst mit den Entwicklungen von **Ferdinand Graf von Zeppelin** Ende des 19. Jahrhunderts kamen erstmals brauchbare und vernünftig steuerbare

Ein Düsseldorfer und sein Traum vom Fliegen

Luftschiffe an den Start. Heute ist „Zeppelin" der Gattungsbegriff für die starren Luftschiffe, die der Graf bauen ließ. Veeh ging mit seinen halbstarren Konstruktionen einen eigenen Weg. Einen, der mit der gelungenen Probefahrt der „Veeh 1" allerdings schon seinen Höhepunkt erreicht hatte und viel schneller zu Ende sein sollte, als sich Veeh das erträumt hatte.

ZEPPELIN GEWINNT – VEEH VERLIERT.

Aber: Die Aufträge blieben aus. Das Militär setzte auf Zeppelins starre Luftschiffe, die beginnende zivile Luftfahrt auch. Veeh, der sein ganzes persönliches Kapital aufgebraucht hatte, musste am 31. Oktober 1913 Konkurs anmelden. Sein stolzes Luftschiff – ein Fall für den Schrotthandel.

Jahrelang hat er an einer Konstruktion gearbeitet, die am Ende funktioniert und doch nur eine **Fußnote in der Geschichte der Luftfahrt** bleibt – Albert Paul Veeh ist ein gebrochener Mann. Nicht einmal vier Monate nach dem Konkurs stirbt der Konstrukteur an einem Kehlkopfleiden.

Das Luftschiff hebt ab – die Firma nicht

Das Luftschiff nach seiner Landung; in der Kanzel der Konstrukteur Paul Veeh

… UND HEUTE?

In den Jahren nach Veehs Tod erlebt die Luftschifffahrt einen schnellen, aber kurzen Aufschwung. 1919 gelingt den Briten die erste Atlantik-Überquerung. Luftschiffe werden vom Militär als Aufklärungsflieger eingesetzt. Die Passagier-Luftschifffahrt nimmt mit der Katastrophe von Lakehurst ein jähes Ende: 36 Menschen sterben am 6. Mai 1937, als das deutsche Luftschiff „Hindenburg" beim Landemanöver in Lakehurst, USA, in Flammen aufgeht.

Nach dem Zweiten Weltkrieg haben Flugzeuge den Luftschiffen längst den Rang abgelaufen. Nur für bestimmte militärische Zwecke taugen sie noch. Aber in den 1970er-Jahren tauchen die zigarrenförmigen Fluggeräte wieder auf: Heißluft-Schiffe laden Touristen zu Rundflügen ein, ihre großen Hüllen werden als Werbeträger genutzt.

An Albert Paul Veeh erinnert heute immerhin noch eine Straße in Düsseldorf. Und dort, wo 1913 sein Luftschiff startete, werden heute Menschen im Minutentakt in die Luft befördert: Nur einen Steinwurf von Veehs altem Flugfeld entfernt ist heute der größte Flughafen Nordrhein-Westfalens.

August Wurring – kleine, feine Motorradschmiede aus Ratingen

EIN LEBEN FÜR DAS MOTORRAD

16
1921

DIE LIZENZ ZUM MOTORRADBAU: WURRINGS GEWERBESCHEIN.

Deutschland am **Beginn der 1920er-Jahre. Eine Gesellschaft wird motorisiert.** Ganze Wirtschaftszweige entstehen neu, andere vergehen. Alles, was mit Pferdekutschen Geld verdiente, verschwindet. Dafür baut nun jeder, der sich halbwegs dazu berufen fühlt, diese neuen Automobile. Groß, schwer und sehr, sehr teuer. Nur wenige Privatleute leisten sich so etwas. Aber da gab es ja noch **eine neue Alternative: das Motorrad.** Oftmals mehr ein Fahrrad mit Hilfsmotor, aber für immer mehr Menschen eine Möglichkeit, lange Wege – zum Beispiel zur Arbeit – zurückzulegen. Wege, die bisher mühsam mit dem Fahrrad oder sogar zu Fuß bewältigt werden mussten.

Die Motorradbranche steckt noch in den Kinderschuhen. Gibt es heute wenige dominante Hersteller mit riesigen Stückzahlen, riesigem Kapital und vielen Patenten und ausgereifter Technik, war früher das Gegenteil der Fall: Am Motorrad schrauben Hunderte kleiner und kleinster Betriebe in Deutschland.

Einer dieser **Motorradpioniere** werkelt in einem Schuppen in Breitscheid – heute ein Stadtteil von Ratingen. **August Wurring** (1901–1990) **gründet 1921 seine eigene Motorradmarke.** Er wird nie zu den Großen der Branche gehören. Aber seine Motorräder werden in der gesamten Zweiradszene zum Begriff: **AWD – August Wurring Düsseldorf. Motorräder made in NRW.**

WER HAT'S ERFUNDEN?

Wurring war ein klassischer Schrauber. Einer, der stundenlang, tagelang in seiner Werkstatt verschwand, um das optimale Motorrad zu bauen. **Ein Schrauber, der zum Unternehmer wurde.** Angefangen hatte der junge Bäckerssohn mit Lkw bei der „Deutschen Lastautomobilfabrik AG" (DAAG) in Ratingen. Kennt heute keiner mehr, war damals aber der größte Arbeitgeber der Stadt. Die Wurrings sind froh, eines ihrer sieben Kinder dort untergebracht zu haben. 1915 beginnt August dort eine Lehre als Schlosser

Wurring macht eine Lehre bei der „Deutschen Lastautomobilfabrik"

Schön und gut zu fahren: Wurrings Motorradmodell

Wurring-Modelle im Wandel der Zeit: viel Fahrradtechnik ...

und Elektromechaniker. Es ist Krieg und die DAAG produziert fürs Militär. Wurring legt 1918 die Gesellenprüfung ab, dann beginnt für ihn wie für viele Arbeiter nach dem Krieg eine harte Zeit. Wurring schlägt sich mit Mechaniker-Jobs durch. Mal hier, mal da.

Für so was muss man dann auch mal weite Wege in Kauf nehmen. Wurring hatte sich 1917 schon ein kleines Motorrad der Frankfurter Adler-Werke besorgt. Aber er war unzufrieden. Die Technik war nicht ausgereift, die ganze Sache seiner Ansicht nach verbesserungsbedürftig: Der Rahmen schien ihm zu hoch, der ganze Schwerpunkt der Maschine stimmte nicht. Der Neumechaniker griff zur Selbsthilfe: Heute unvorstellbar und wohl auch nicht TÜV-abnahmefähig, aber das war damals kein Problem. Wurring zersägte den Motorradrahmen, schweißte ein neues Rohr ein, verlagerte Steuerkopf und Schwerpunkt. Offenbar ein voller Erfolg: Die Maschine war anschließend deutlich ruhiger, angenehmer zu fahren. Dieser Rahmenbau war Wurrings ganz persönliche „Erfindung" und eine Berufung: Das Arbeiterkind, das keinerlei kaufmännische Ausbildung und kein nennenswertes Eigenkapital hatte, fasste den Mut, ein Motorradfabrikant zu werden.

TÜV WAR NOCH KEIN THEMA.

Seine umgebaute „Adler" war die beste Werbung. Nachbarn, Freunde, Bekannte holten ihre alten und oft nicht mehr fahrtüchtigen Motorräder aus ihren Schuppen und baten Wurring, daraus auch etwas Vernünftiges zu machen – was ihm in seiner Werkstatt meistens auch gelang. Parallel dazu begann er, erste eigene Modelle zu entwickeln. Jahre später schrieb er über diese Zeit: **„Meine besondere Neigung zum Motorradbau und ein eiserner Fleiß ermöglichten mir, mit bescheidenen Mitteln ein brauchbares Motorrad mit eigener Markenbezeichnung auf den Markt zu bringen ... "** An Selbstbewusstsein scheint es dem Jungunternehmer nicht gemangelt zu haben.

Die ersten AWD-Motorräder waren deutlich sichtbar **vom Fahrradbau inspiriert.** Ein leichter Rahmen, große, schmale Laufräder und ein Riemen, ähnlich einer Fahrradkette, die Kraft aufs Hinterrad überträgt. Nur dass halt statt Kurbel und Pedalen ein Motor das Rad antreibt. Den bezog Wurring vom Motorenhersteller DKW, offiziell ein „Fahrrad-Hilfsmotor". Ein Zweitakter mit genau 1 PS. Aber während andere das Aggregat auf Gepäckträgern montierten, platzierte Wurring, der ja seine Erfahrungen mit Gewicht und Schwerpunkt hatte, den Motor in den Rahmen. So sahen seine ersten AWD-Maschinen schon wie richtige Motorräder aus.

Überhaupt der **Rahmenbau:** Das war **Wurrings Kerngeschäft.** Bald baute er sie nicht nur für seine AWD-Modelle, **auch die Konkurrenz fuhr gerne mit Wurring-Rahmen,** etwa Waldhausen in Düsseldorf, Köpper in Oberhausen. Wurring gab auf seine Rahmen eine **lebenslange Garantie.** Sein Enkel erzählt heute: **Es gab in der gesamten Firmengeschichte nur einen einzigen Garantiefall.** Ein einziger Kunde hat einmal einen verbo-

... und ein Motor

Wurrings Firma ist ein Familienbetrieb – und bleibt es auch

genen Rahmen in die Werkstatt gebracht – nach einem heftigen Autounfall. Den Rahmen haben sie dort heute noch.

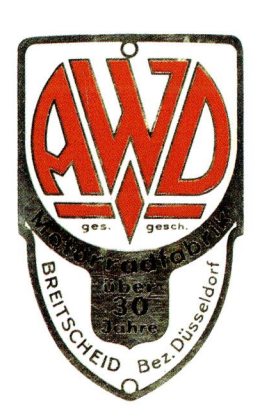

Und noch etwas war für Wurrings kleine Firma wichtig: der **Motorsport.** Wurring fuhr Motorradrennen. Viele kleine Rennen auf Straßen in der Region, die damals extrem beliebt waren und sehr viel Publikum anzogen. In einer Zeit ohne Fernsehen und in der Provinz auch ohne sonstige Unterhaltung ging man gern sonntags zum Rennen, stellte sich an die Strecke und sah zu, wenn die Motorradpioniere auf ihren oft selbst gebastelten Rennmodellen vorbeiknatterten. Wurring fuhr einige Erfolge ein, was seiner kleinen Motorradschmiede zugutekam: Wenn der AWD-Fahrer in den Siegerlisten auftauchte, konnte das Motorrad ja nicht das schlechteste sein.

Der **Ruf der Marke war dennoch immer bedeutender als die eigentliche Firma,** die Stückzahlen blieben überschaubar. Wurring war nicht der Mann für große Expansionspläne. Zwar hatte er in den besten Zeiten einige Mitarbeiter, aber sich zu verschulden, in eine regelrechte Fabrik zu investieren, Werbung und Vertrieb zu organisieren – das war nicht seine Sache. Ein zaghafter Vergrößerungsversuch mit einem kaufmännischen Kompagnon und einem vorübergehenden Umzug nach Mülheim an der Ruhr scheiterte schon nach kurzer Zeit. Von da an blieb AWD bis zum Schluss das, was es eigentlich immer war: sein ganz persönliches Lebenswerk.

... UND HEUTE?

Das Schicksal der kleinen Firma in Breitscheid spiegelt im Kleinen das Auf und Ab der deutschen Geschichte des 20. Jahrhunderts: Wurring übersteht die Inflation der 1920er- und die Wirtschaftskrise der frühen 1930er-Jahre, dann kommen die Nazis: Motorradwerkstätten wie die von Wurring werden dem sogenannten Heimat-Kraftfahrpark zugeordnet. Motorräder bauen jetzt nur noch die großen Firmen, die jetzt große Aufträge vom Militär bekommen. Material wird nun bewirtschaftet. Beschaffungsanträge von so kleinen Firmen wie AWD haben da wenige Chancen. Aber Wurring und seine Leute werden trotzdem dringend gebraucht: Nach dem deutschen Überfall auf Polen liefert die Wehrmacht reihenweise polnische Sokol-Motorräder bei Wurring ab. Beutemaschinen, die in Wurrings Werkstatt „kriegsverwendungsfähig" gemacht werden. Den Kriegsverlauf können sie hier in Breitscheid an den abgegebenen Motorrädern ablesen: Nach den polnischen Maschinen kommen die französischen, schließlich die russischen.

Am Ende wird das Material immer weniger, schließlich bleibt es ganz aus. Wurring ist jetzt der Improvisator: immer irgendwie die Maschinen wieder ans Laufen kriegen, auch ohne Ersatzteile. Eine wirkliche Stunde null gibt es auch hier nicht. Als der Krieg vorbei ist, hält Wurring sich und seine Leute mit Lkw-Reparaturen über Wasser. Und weil jetzt immer irgendwas irgendwohin zu schleppen ist, baut er Anhänger. Kleine Transport-Anhänger für Handwerker der Region.

Mit dem Wirtschaftswunder kommt auch für AWD noch einmal eine gute Zeit: Der RWE-Konzern gibt bei ihm Motorräder mit Seitenwagen in Auftrag. Für die Monteure, die entlang der großen neuen Strom-Überlandleitungen unterwegs sind. Als ein neues Führerscheinrecht verlangt, dass der Motorrad-Fahrlehrer mit seinem Schüler gemeinsam auf dem Zweirad unterwegs sein muss, konstruiert Wurring ein Motorrad mit Seitenwagen und mechanisch verbundenem Doppellenker. Und der Rennsport zieht wieder viele Menschen an die Rennstrecken. Für Wurring ein schönes Zubrot.

Doch die Motorradbranche hat sich längst gewandelt: Große Firmen, große Marken sind jetzt gefragt. Das Motorrad bringt nicht mehr die Menschen zur Arbeit, die sich kein Auto leisten können, es ist zum Freizeitobjekt geworden. Das ist nicht mehr Wurrings Motorradwelt. Die wilden Zeiten des Motorradbaus sind vorbei. Aber der passionierte Schrauber August Wurring bleibt seiner Berufung treu: Bis zum Schluss bastelt er an Motorrädern – im Oktober 1990 stirbt Wurring im Alter von 89 Jahren. Mit ihm ist auch AWD Geschichte. Aber die Erinnerung lebt: Wurrings Enkel Thomas von der Bey hält sie gemeinsam mit einigen Motorrad-Enthusiasten am Leben, die Werkstatt, ein paar alte Schätzchen, ein Archiv und viele Rennpokale aus der Zeit, als in NRW Motorräder gebaut wurden.

17
1922

Haribo – Bonns berühmte Bären

EIN TANZBÄR AUS DEM HINTERHOF

Es sind nicht immer die großen technischen Erfindungen, die den Grundstein legen für Unternehmen, die heute weltbekannt sind. Manchmal reicht es auch, einfach den Geschmack der Leute zu treffen – buchstäblich ihren Geschmack.

Genau daran arbeitete ein **Bonbon-Kocher** in Bonn 1922: **Hans Riegel** (1893–1945) hatte sich selbstständig gemacht, sich in den Kopf gesetzt, etwas Neues zu schaffen. Er experimentierte mit verschiedenen Geschmacksversionen von Weichgummi. Das besteht im Wesentlichen aus **Gummi arabicum,** einem Harz, das man aus verschiedenen afrikanischen Akazienarten gewinnt. Chemisch gesehen ein Mehrfachzucker. Gummi arabicum hat vor allem eine Eigenschaft, die es für viele Produkte interessant macht: In Wasser aufgelöst wird es zu einer zähen, klebrigen Masse.

Mit Gummi arabicum wurden Briefmarken gummiert, Etiketten geklebt, oder eben – mit Zucker und Aromastoffen versetzt – weiche Kaubonbons hergestellt. Hans Riegel hat einen Freund, der ihm die kleinen Formen für seine Bonbon-Experimente herstellt. Formen, in die die zähe Gummi-arabicum-Masse von Hand gegossen wird.

Und so gießt Hans Riegel eines Tages seine süße Masse in Förmchen, die wie kleine Tanzbären aussehen. Tanzbären! **Ein Tanzbär als Süßigkeit?** Hätte heute keine Chance. Wer heute überhaupt noch etwas mit dem Begriff anfangen kann, der denkt an traurige, in Ketten gelegte Tiere, denen man Schmerzen zufügte, damit sie Bewegungen machten, die auf Jahrmärkten als „Tanz" zur Belustigung vorgeführt wurde. Nicht gerade das, wovon Marketing-Leute träumen.

1922 ist das ganz anders: Tanzbären kannte fast jeder aus der Kindheit, von den Jahrmärkten. Teddybären waren schon seit einigen Jahren groß in Mode. Da lag es vielleicht nahe, Kindern und ihren Eltern einen süßen, weichen Bären zum Naschen anzubieten. Einen halben Pfennig kostete der Bär damals pro Stück. Für Hans Riegel blieb er lange ein Bonbon unter vielen anderen, die er herstellte und verkaufte. Was er damals nicht einmal ahnen konnte: **Sein Tanzbär sollte als Gummibärchen und ab 1967 als „Goldbär" eine Weltkarriere machen.**

HANS RIEGEL: ERFINDER DER GUMMIBÄRCHEN.

Heute keine Handarbeit mehr: die Goldbärenproduktion

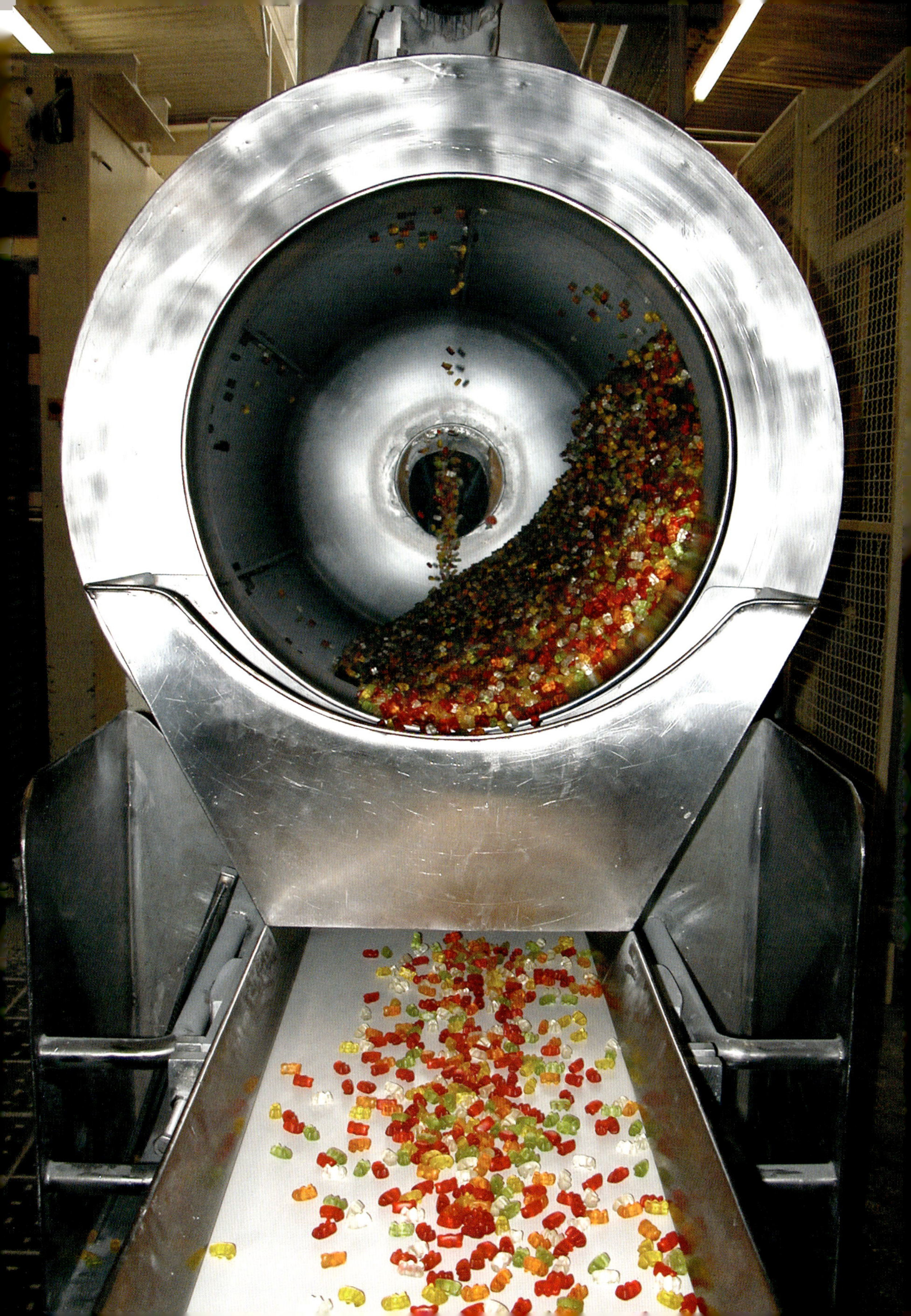

Nach dem Krieg übernehmen die Söhne
Hans junior und Paul die Firma

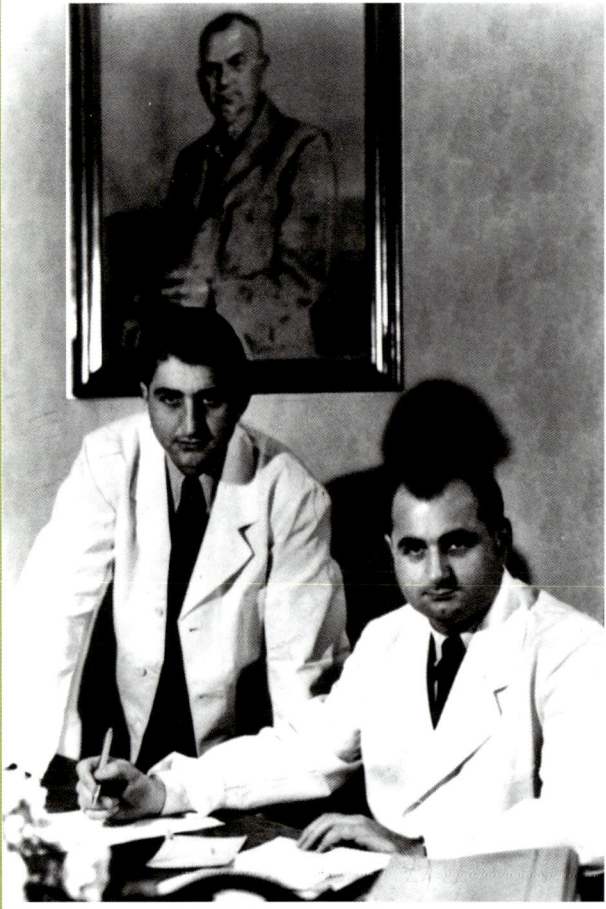

Haribo macht Kinder froh –
gestern wie heute

Die ersten Gummibärchen werden noch per
Fahrrad ausgeliefert – das sollte sich bald ändern

Hier fing es an:
Riegels erste Bonbon-Küche

112 *Haribo – Bonns berühmte Bären*

WER HAT'S ERFUNDEN?

Johann Riegel, der sich später nur noch „Hans" nennen wird, muss sehr früh mit anpacken. Der Vater Maurer, die Mutter Bäuerin, der Erfinder der Gummibärchen wächst in Friesdorf bei Bonn in sehr einfachen Verhältnissen auf. Mit 15 geht er in die Fabrik. Die Branche wird er für den Rest seines Lebens nicht mehr wechseln: „Kleutgen & Meier" in Godesberg stellen Lakritz her. Offiziell eine pharmazeutische Fabrik, die Pastillen gelten als gesundheitsfördernd. Die Grenze zwischen Medizin und Nascherei war fließend. Solche Manufakturen gab es damals viele in Deutschland. Ihre Produkte waren meist nur in der Region bekannt und wurden regional vertrieben. Hans Riegel arbeitete sich hoch: Als 15-jähriger Laufbursche hatte er angefangen, als Facharbeiter ging er fünf Jahre später, 1913, zur Konkurrenz, einer Bonbon-Fabrik in Neuss.

EINMAL BONBONS – IMMER BONBONS.

1918: Riegel, wegen einer Kriegsverletzung fortan schwerhörig, kommt zurück nach Bonn. Und er will wieder Bonbons kochen. Aber er will mehr. Er will seine eigene Firma. Er steigt beim **Familienunternehmen Heinen** in Bonn ein. Dort muss man wohl sein unternehmerisches Talent erkannt haben. Jedenfalls wird Riegel schon nach kurzer Zeit zum Teilhaber. Die Firma heißt jetzt **„Heinen & Riegel".**

Für Riegel sind die zwei Jahre bei Heinen ein Sprungbrett: Er traut sich jetzt zu, es ganz allein zu machen. Er quartiert sich in einem kleinen Hofgebäude in der Bergstraße von Bonn-Kessenich ein. Ein Raum, in dem die Bauern früher Viehfutter gelagert hatten. Jetzt stehen dort: ein Herd, ein Kupferkessel, eine Walze, eine Marmorplatte, ein gemauerter Herd und: ein Sack Zucker. Am **13. Dezember 1920** lässt Riegel seine **neue Firma ins Bonner Handelsregister eintragen. Der Name: „Haribo". Hans Riegel Bonn.** Am Anfang ist alles harte Handarbeit: Auf dem Herd wird die Zuckermasse gekocht, in die Formen gegossen, getrocknet. Hans Riegel fährt seine Bonbons per Fahrrad oder Handkarren zu den Händlern. Und immer hat er ein paar Proben mit. Für neue Kunden.

Offenbar ist Riegel ein guter Verkäufer. Die Aufträge werden größer, und aus der Ein-Mann-Firma wird ein Familienbetrieb: Erst packt seine Frau mit an – Riegel hatte 1921 geheiratet –, dann stellt er seinen jüngeren Bruder Paul ein.

Riegel kocht Weichgummi-Bonbons in allen möglichen Formen. Aber mit den Tanzbären beginnt der Aufstieg vom Hinterhofbetrieb zur Fabrik. Haribo zieht in immer größere Gebäude, stellt immer mehr Arbeiter an. Längst wird nicht mehr mit dem Handkarren, sondern mit dem Lieferwagen ausgefahren. Und nicht nur in der Region verlangt man jetzt nach „Haribo": Per Bahn werden Hans Riegels Süßwaren überall ins Reich geliefert.

Mitte der 1920er-Jahre besinnt sich Hans Riegel darauf, wie er mal angefangen hat: mit Lakritz. Die **Haribo-Lakritzschnecke** ist über lange Zeit mindestens genau so berühmt wie die Gummibärchen.

Ein Tanzbär aus dem Hinterhof

HARIBO AUSLESE

LAKRITZ: QUELLE DER GESUNDHEIT

Gummibärchen waren nicht das einzige, was Haribo zu bieten hatte

Haribo REKORD LAKRITZSTANGEN STÜCK 5 Pfg

Haribo Lakritz-KONFEKT

1922

Bisschen grimmiger als heute: der Ur-Goldbär

... UND HEUTE?

Die Goldbären von heute sind ein wenig kleiner als die Ur-Tanzbären und: Sie haben ein etwas freundlicheres Gesicht. Und aus Gummi arabicum sind sie schon längst nicht mehr. Heute wird Gelatine eingesetzt. Die kommt vom Schwein. Also ist das Gummibärchen nicht vegan.

Johann Riegels Firma bleibt im Familienbesitz: 1945, kurz vor Kriegsende, stirbt der Erfinder der Gummibärchen mit nur 52 Jahren. Seine Söhne, Hans junior (1923–2013) und Paul (1926–2009), übernehmen Haribo. Zwei ungleiche Brüder: Paul kümmert sich um Forschung und Produktentwicklung und scheut die Öffentlichkeit. Hans junior ist der kaufmännische Leiter und das Gesicht der Firma nach außen.

Über die zukünftige Firmenleitung zerstreiten sich die Familienstämme, 2009 stirbt auch noch überraschend Paul Riegel. Im Jahr danach einigen sich alle Familienteile auf eine gemeinsame Neugründung: 2010 werden die Geschäfte in der Haribo-Holding GmbH & Co. KG zusammengeführt. Aus der Bonbonküche im Kessenicher Hinterhof ist längst ein Süßwarenkonzern mit Standorten rund um den Globus geworden. Eins aber hat sich nicht geändert: Haribo gehört noch immer den Riegels.

Ein Tanzbär aus dem Hinterhof

18
1930

Perga – die Flasche aus Papier

EUROPAS ERSTE GETRÄNKEKARTONS VON JAGENBERG

Milch oder Orangensaft, Wasser oder Sahne, passierte Tomaten oder Fertigsauce. Holen wir uns aus dem Supermarktregal, packen es in die Einkaufstasche. Die Packung ist leicht, geht auch nicht kaputt, wenn sie in der Einkaufstasche gestoßen und gedrückt wird, und zu Hause schneiden wir die Packung einfach auf oder drehen einen Kunststoffdeckel auf. Und wenn die Packung leer ist: zusammendrücken und ab in den gelben Müll. Es ist so selbstverständlich. Und wer weiß schon, dass wir das alles einem Mann aus Düsseldorf zu verdanken haben?

Im Deutschland der 1920er-Jahre hätten Käufer im Lebensmittelladen wohl ziemlich ungläubig geguckt: Getränke in einer Papp-Verpackung? Wie sollte das denn gehen? Ein Amerikaner hätte es ihnen erklären können: Dort füllten Molkereien ihre Milch schon längst in Kartons, die man vorher in Paraffin getaucht hatte. Milch rein, gut zukleben – fertig war die Milchtüte. Das fiel auf einer USA-Reise auch dem Spross einer **Düsseldorfer Papierfabrikanten-Familie auf: Günter Meyer-Jagenberg brachte die Idee vom Getränkekarton nach Deutschland.**

GÜNTER MEYER-JAGENBERG BRACHTE DIE IDEE AUS DEN USA MIT.

Im industrialisierten Deutschland waren immer größere Städte entstanden. Auch die Geschäfte wurden größer, die Wege der Lebensmittel vom Erzeuger zum Verbraucher immer länger. Die schwere und stoßempfindliche Glasflasche war da nicht immer die beste Lösung.

Jagenberg ahnte: Mit der Idee aus den USA ließe sich auch hier ein Geschäft machen. Aus Papier Kartons zu falten, damit hatte die Firma seines Onkels schon Erfahrung. Jetzt musste man nur noch das Material imprägnieren. **1930** lässt sich Günter Meyer-Jagenberg das **„wasserdichte Papiergefäß mit Faltverschluss und Vorrichtung zu seiner Herstellung"** patentieren. Der **Markenname: „Perga",** das sollte wohl an flüssigkeitsabweisendes Pergamentpapier erinnern. **Der Clou** der Perga: **ihr Falt-**

Der Perga-Füller: Man nannte ihn die „eiserne Kuh"

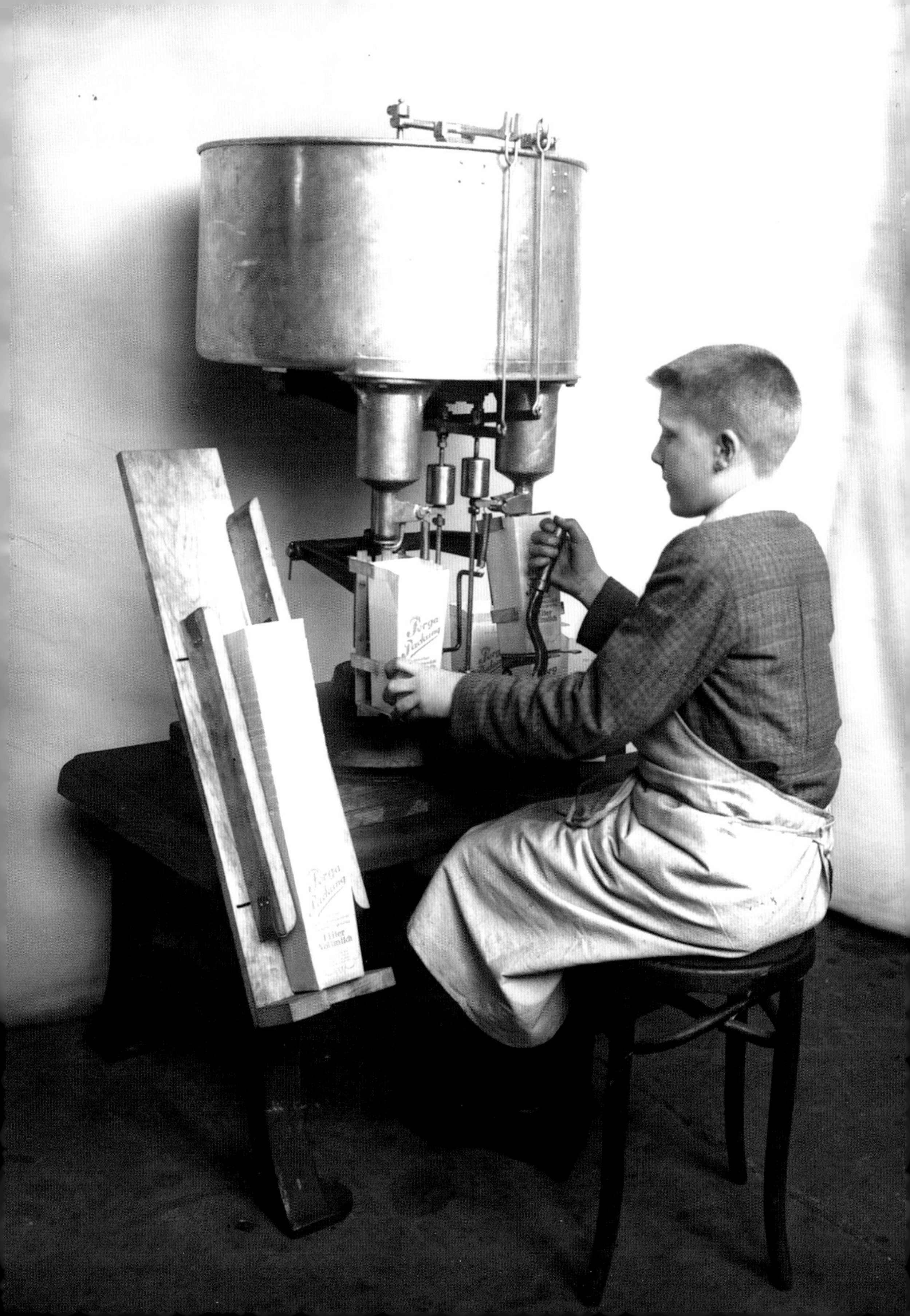
Perga Packung
Perga Packung
1 Liter Vollmilch

verschluss, der das Ganze zum – wie die Verpackungsfachleute sagen – „Giebelkarton" machte. Das war völlig neu. So ließ sich der Karton – zum Beispiel mit Milch – einfach befüllen, verschließen und in der heimischen Küche wieder öffnen.

Das Patent war also da. Die Tüte auch. Aber in den Geschäften war zunächst wenig davon zu sehen: Das Deutschland der 1930er- und 1940er-Jahre hatte andere Probleme als die Frage, ob die Milch in Flaschen oder Tüten kommt. Das ändert sich nach Krieg und Währungsreform gewaltig: Ein neues Konsumzeitalter bricht an, schnell und bequem soll es jetzt sein. Leichter Transport, weniger Platzverbrauch – damit kann der Karton gegenüber der Flasche jetzt punkten. In den 1950er-Jahren wird die Milch aus der Perga-Packung ein Massenartikel.

WER HAT'S ERFUNDEN?

Die Jagenbergs haben den ersten Getränkekarton Europas produziert und ihr Giebelkarton war einzigartig. Die Grundidee, Flüssigkeiten überhaupt in Kartons abzufüllen, hat sich aber ein gewisser John van Wormer schon 1915 in den USA patentieren lassen. Das Jagenberg-Patent konnte hieran anknüpfen.

Ferdinand Emil Jagenberg, der Firmengründer, hatte in Solingen eine Papiermühle betrieben. Die machte Pleite. Jagenberg musste etwas Neues wagen – mit seiner Familie zog er 1878 nach Düsseldorf, eine Stadt, die damals, wie so viele deutsche Städte in der Gründerzeit, eine wachsende Industriestadt war. Die Jagenbergs eröffneten eine Papier-Großhandlung.

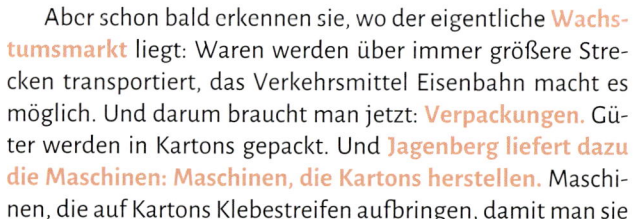

FERDINAND EMIL JAGENBERG

Aber schon bald erkennen sie, wo der eigentliche Wachstumsmarkt liegt: Waren werden über immer größere Strecken transportiert, das Verkehrsmittel Eisenbahn macht es möglich. Und darum braucht man jetzt: Verpackungen. Güter werden in Kartons gepackt. Und Jagenberg liefert dazu die Maschinen: Maschinen, die Kartons herstellen. Maschinen, die auf Kartons Klebestreifen aufbringen, damit man sie schnell zu Behältern aufbauen kann. Maschinen, die Etiketten aufkleben, auf Kartons, auf Flaschen. Erstes Patent: „Vorrichtung zum Bestreichen von Schachtelklebstreifen mit Klebstoff", 1892: zweites Patent: „Bogen-Anleim-Maschine", 1898: Die Firma wächst.

1906 wird das auch äußerlich sichtbar: Im Düsseldorfer Süden bezieht die Firma ein nagelneues 50.000 Quadratmeter großes Firmengelände. Der Bau ist einer der letzten großen Industriebauten der Gründerzeit. Der „Salzmann-Bau", benannt nach seinem Architekten Heinrich Salzmann. Hinter der Gründerzeitfassade verbirgt sich ein moderner Stahlskelettbau.

1930: der Siegeszug der Perga-Packung beginnt

118 *Perga – die Flasche aus Papier*

Der Salzmannbau ist heute noch ein Architekturdenkmal in Düsseldorf

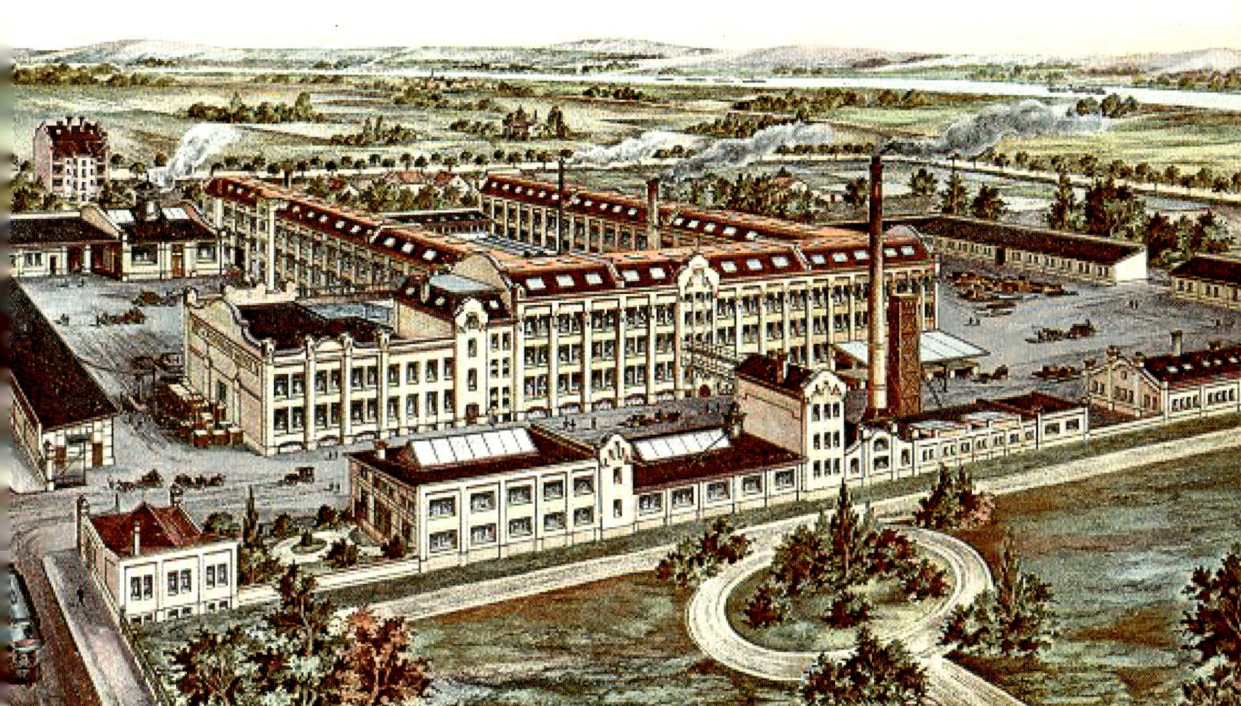

Abgefüllt und zugetackert: Milch aus dem Karton

MASCHINEN, DIE ALLES VERPACKEN KÖNNEN.

In diesem Gebäude werden jetzt Maschinen hergestellt, die so ziemlich alles verpacken können: von Zigaretten bis zu Schokoladentafeln. Für uns ist es heute banal und selbstverständlich, dass Schokolade in Papier eingewickelt wird. Aber irgendwann hat halt mal jemand eine Maschine konstruiert, die so etwas schnell und massenhaft kann: 1920 stellt Jagenberg die erste Schoko-Einwickel-Maschine her. Wenige Jahre später entdeckt Günter Meyer-Jagenberg in den USA den Getränkekarton.

120 *Perga – die Flasche aus Papier*

... UND HEUTE?

Die 1950er-Jahre sind die große Zeit der Perga-Packung. Und das, obwohl mit Tetra-Pack aus Schweden ein echter Konkurrent auftaucht: Lange Zeit ist es ein dauernder Wettbewerb zwischen der Perga und dem tetraederförmigen, besonders leicht zu befüllenden Getränkekarton aus Schweden. Auch diese Idee kam übrigens ursprünglich aus US-Molkereien.

Jagenberg wächst mit Perga weiter: In Linnich wird ein neues Werk gegründet, Ende der 1960er-Jahre beschließt man bei Jagenberg den Umzug nach Neuss. Auch der Perga-Klassiker hat nun seine Zeit hinter sich: In den 1960er-Jahren beginnt der Siegeszug der großen Supermärkte und Discounter. Die Milch wird jetzt in großen Mengen angeliefert und in Kühltheken aufgestellt. Die Verpackung muss nun stapelbar sein und – ohne Platz zu verschenken – ganze Paletten auffüllen. Das schafft der Perga-Nachfolger „blocpak" – in den 1970ern kommt die klassische H-Milch-Verpackung „combibloc" dazu. Brikettförmig, lange nicht mehr so elegant wie die Perga, aber ungeheuer praktisch. Das Paraffin als Imprägnierstoff hat natürlich auch schon längst ausgedient, die Getränkekartons sind heute kunststoffbeschichtet.

Und auch bei Jagenberg verändert sich einiges: 1981 übernimmt der Rheinmetall-Konzern die Aktienmehrheit. Rheinmetall wird die Firma mehrfach umstrukturieren und schließlich wieder verkaufen. Eine Jagenberg AG als Maschinenbau-Unternehmen gibt es auch heute noch in Krefeld. 1989 geht das Werk in Linnich, dort, wo die Getränkekartons entstehen, an die Schweizerische Industrie Gesellschaft SIG. Aus der Perga-Tüte der 1950er ist der „SIG Combibloc" von heute geworden.

Der Salzmann-Bau der Jagenbergs hat Brände und Kriege überlebt: Als Rheinmetall Mitte der 1980er-Jahre die gesamte Verwaltung in ein modernes Bürogebäude im Düsseldorfer Norden verlegt, wird der Salzmann-Bau unter Denkmalschutz gestellt. Bürgervereine machen aus der einstigen Papiermaschinen-Fabrik ein Kulturzentrum. Er wird zu einem wichtigen Ort der regionalen Jazz-Szene. Bis heute ist der Bau der Jagenbergs ein Bürgerzentrum mit Veranstaltungen, Kursen und Partys.

Hinter einem ganz anderen Stück Industriegeschichte steckt übrigens auch ein Jagenberg. Emil, Sohn des Firmengründers, hat 1904 etwas erfunden, das das Transportwesen weltweit revolutioniert hat: einen Lkw mit getrennter Zugmaschine und Auflieger – den Sattelschlepper.

1934

„idell" – Kult-Leuchte aus Neheim

LICHT FÜR DEN KOMMISSAR

Deutschland in den frühen 1970er-Jahren. Das Farbfernsehen ist längst eingeführt, aber „Der Kommissar" ermittelt im ZDF in Schwarzweiß. Das sieht irgendwie auch cooler aus. Und wenn sich Erik Ode als Kommissar Keller von seiner Assistentin „Rehbeinchen" am Schreibtisch den Kaffee servieren ließ oder mit seinen Inspektoren die Ermittlungsergebnisse diskutierte – immer stand da diese Lampe. Und als im Konkurrenz-Kanal ARD Hansjörg Felmy als Tatort-Kommissar Haferkamp aus Essen die Arbeit aufnahm, war die **„Kommissar-Lampe"** ebenfalls **unverzichtbares Requisit auf dem Schreibtisch.**

Runder Metallfuß mit Schalter, gebogener Leuchtenarm, am oberen Ende ein Drehgelenk mit dem asymmetrisch angebauten runden Lampenschirm aus Metall. Eine **Design-Ikone** bis heute: **die „idell" der Gebr. Kaiser & Co. Leuchten KG** in Neheim im Sauerland.

Neheim – heute ein Stadtteil von Arnsberg – hatte sich schon Mitte des 19. Jahrhunderts zu einem Zentrum der Leuchtenproduktion entwickelt. Ab 1895 verdienten Hermann Kaiser, sein Bruder Heinrich und ein weiterer Teilhaber mit: Erst verkauften sie den Neheimer Leuchtenfabriken Lampenteile, dann bauten sie preiswerte Petroleumlampen, Grubenlampen für den Bergbau und einiges mehr.

Als das Licht elektrisch wurde, baute Kaiser ab 1914 auch Elektroleuchten für Wohnräume. Noch war es ein Unternehmen unter vielen. Das änderte sich Anfang 1934. Kaiser begann, Schreibtischleuchten herzustellen. Einfache, zweckmäßige und zeitlos schöne Schreibtischlampen mit einer unverwechselbaren Formensprache. Ein Jahr später hatte er **DIE Schreibtischleuchte schlechthin** im Programm: **die „idell 6556". Das Brot-und-Butter-Schreibtischlicht für die Büros der 1930er- bis 1960er- Jahre.**

1936 kam dann mit der „idell 6631" das wohl schönste Modell auf den Markt. Mit Kippmechanik am Lampenfuß, der Lampenschirm größer, flacher – irgendwie eleganter, chefmäßiger. Mit den idell-Leuchten wurde Kaiser zu **einem der größten Leuchtenproduzenten der Branche.** In den 1950er-Jahren arbeiteten bis zu 1000 Menschen bei Kaiser – die idell-Leuchten waren zum **Inbegriff der Arbeitslampen** geworden.

CHRISTIAN DELL SCHREIBT LICHT-GESCHICHTE.

Neheim im Sauerland war lange ein Zentrum der Leuchtenproduktion

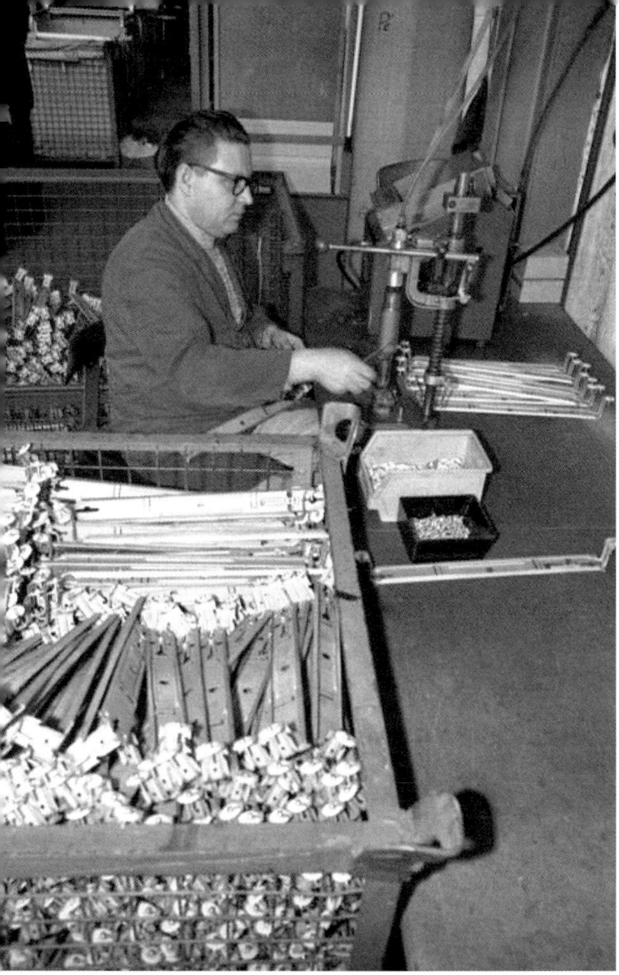

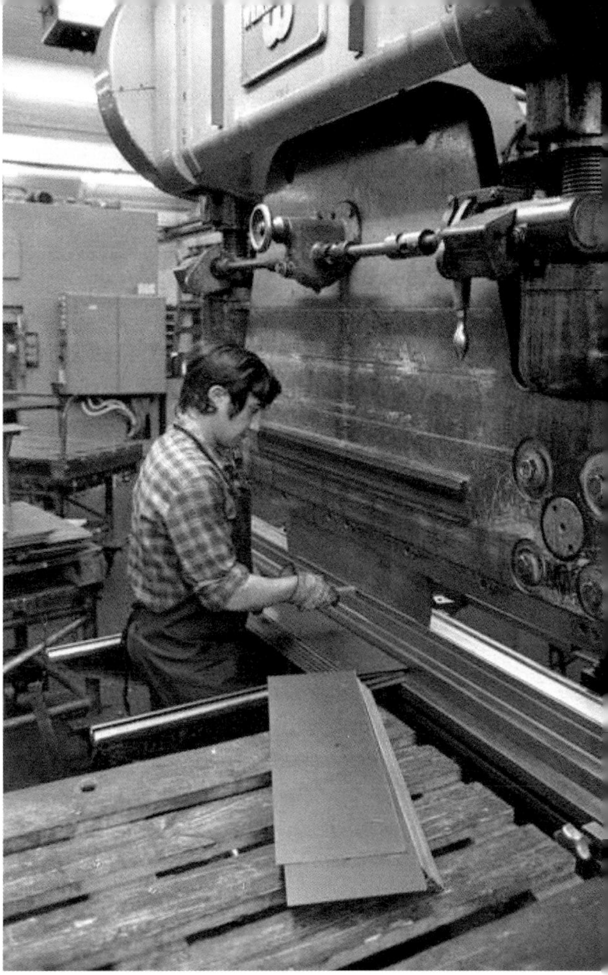

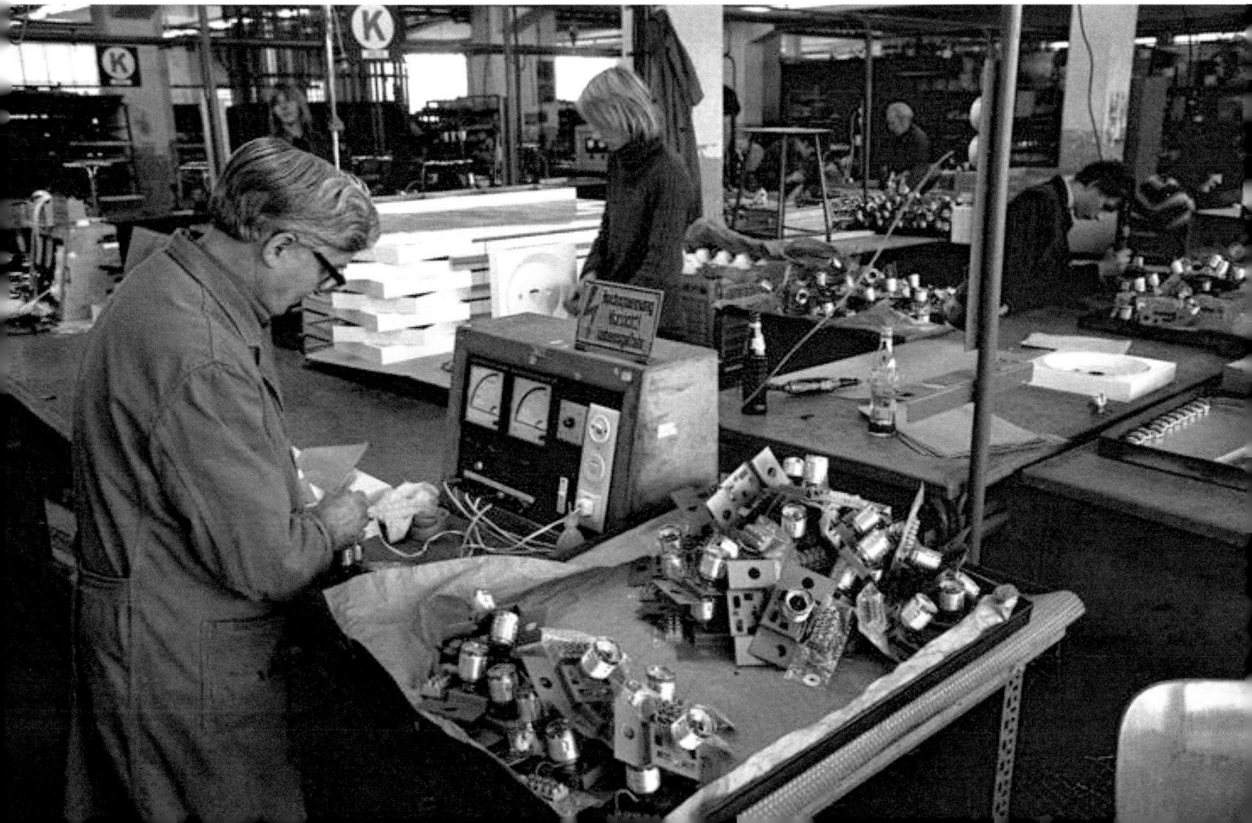
K

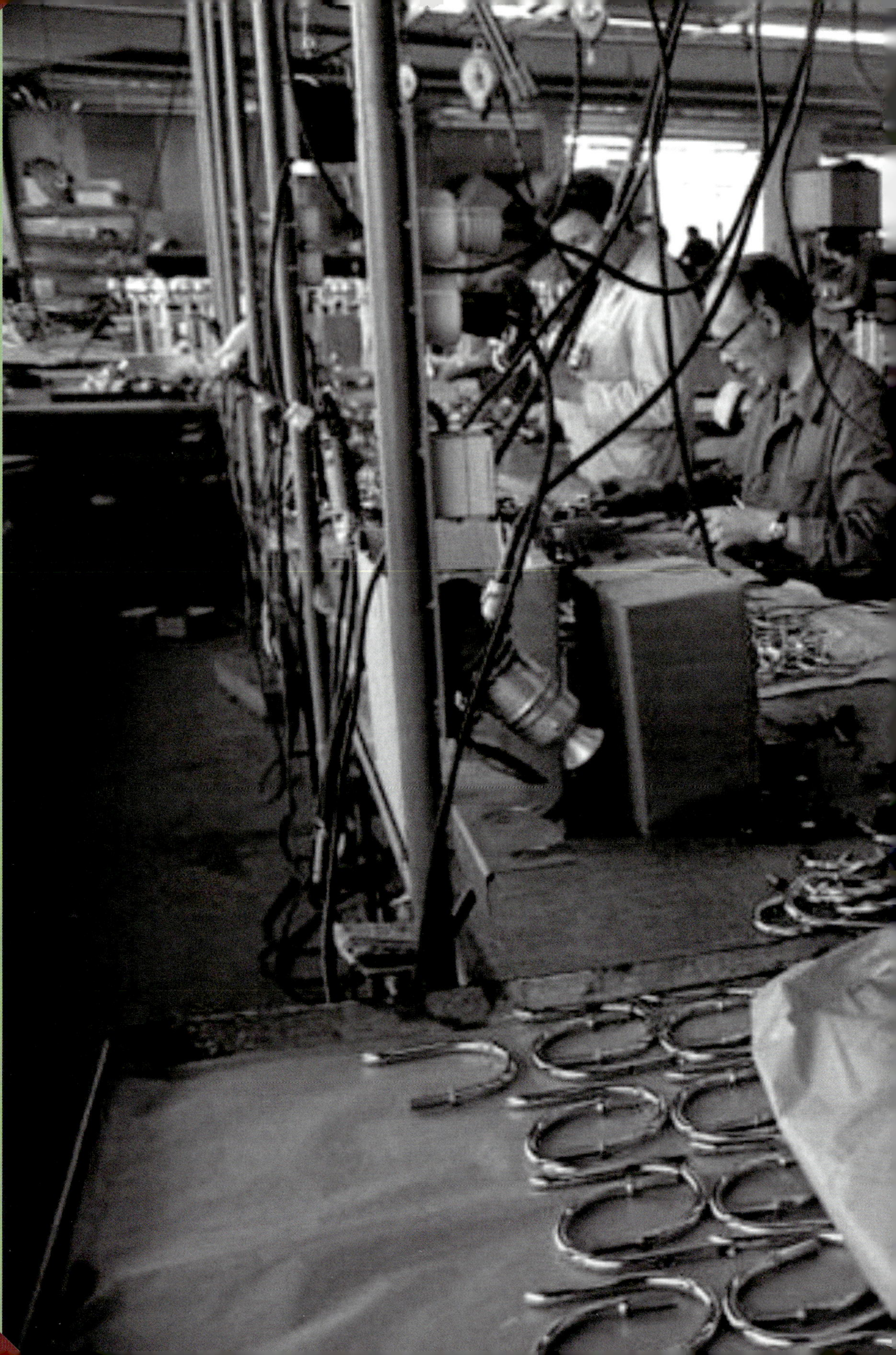

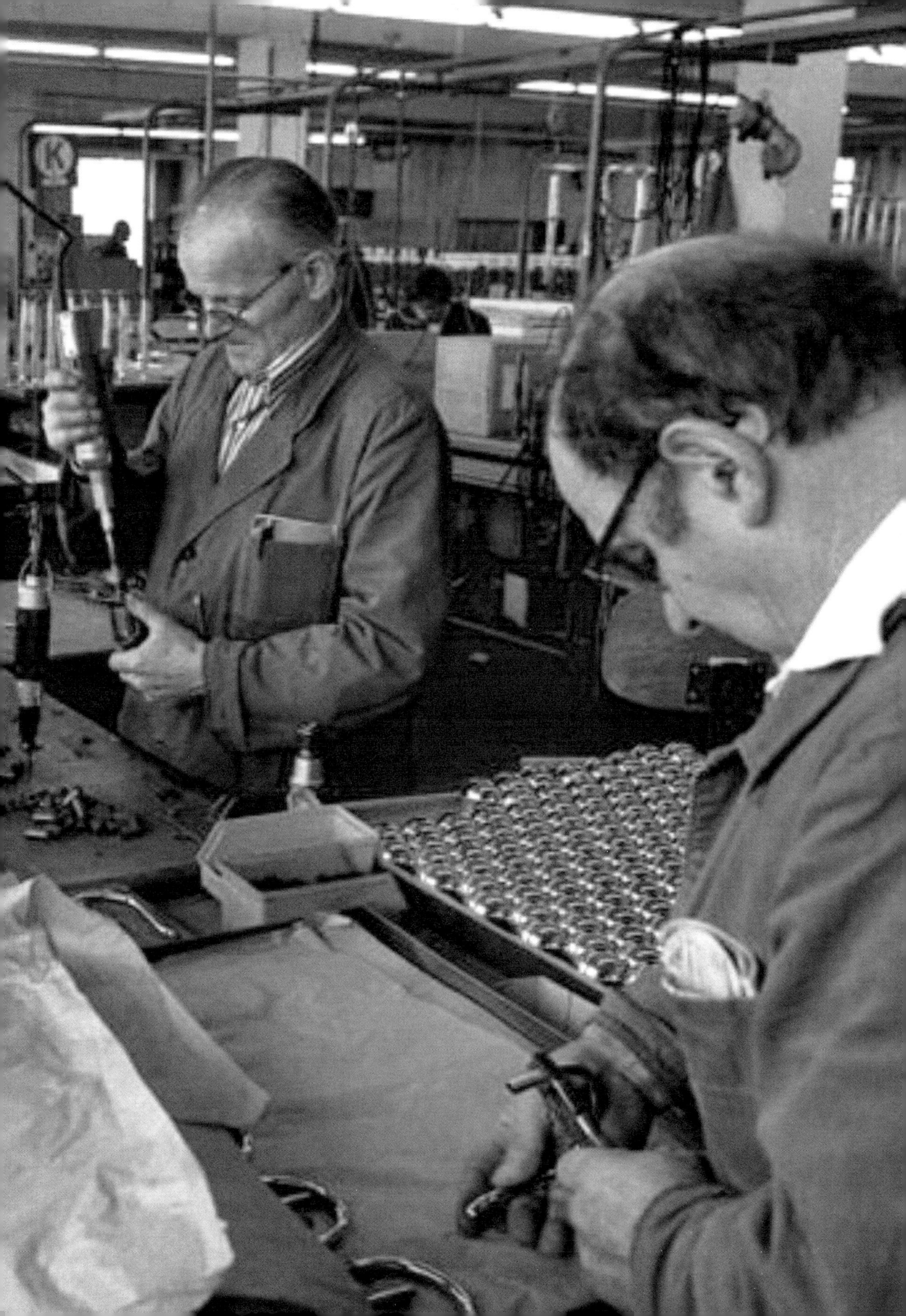
K

WER HAT'S ERFUNDEN?

Die Entwürfe für seine Erfolgsmodelle bekam Kaiser von einem Mann, den die Nazis schon 1933 aus seiner Stellung gedrängt hatten: **Christian Dell** (1893–1974). Er gab den Modellen nicht nur die Form, auch den Namen: **„idell" – Idee Dell**.

Christian Dell, 1893 in Offenbach geboren, war gelernter Silberschmied, als er sich 1912 an der Großherzoglich-Sächsischen Kunstgewerbeschule in Weimar einschrieb. Sein Lehrer: der belgische Architekt und Designer Henry van de Velde. Nach Weltkrieg und Militärdienst geht Dell in die Metallwerkstatt am Weimarer Bauhaus – als Werkmeister und Lehrer. Dort entwirft er erste Leuchten. Einer seiner Schüler: Wilhelm Wagenfeld, dessen Tischlampe noch heute in jeder zweiten Designer-Wohnung zu finden ist.

1925 siedelt das Bauhaus von Weimar nach Dessau um – Dell geht zurück in seine hessische Heimat. In Frankfurt tut sich gerade Bedeutendes: Der dortige Bürgermeister Ludwig Landmann und sein Stadtplaner Ernst May bauen am „Neuen Frankfurt" – ganz im Sinne der Bauhaus-Idee. Und die Frankfurter Kunstschule „Städelschule" wirbt Bauhaus-Mitarbeiter an. Einer von ihnen: Christian Dell. 1926 wird er Leiter ihrer Metallwerkstatt. Eine Werkstatt, in der das Thema „Leuchten" eine immer größere Rolle spielt. Die Elektrifizierung geht voran, die Glühbirne setzt sich durch, das schafft Bedarf an neuen Lampen. Dell liefert Entwürfe und: Er hat Erfolg.

Seine „Rondella"-Leuchten in Stehlampen- und Tischversion werden in einer eigens dafür gegründeten Firma mit dem gleichen Namen gebaut. Dell ist Teilhaber. Wenn auch die Firma bald wieder verschwindet: Das Modell wird ein Klassiker und die Tischlampe zum Vorläufer der Kaiser'schen „idell". Schon die „Rondella" hat den charakteristischen Lampenschirm und das Drehgelenk.

DIE NAZIS BEENDEN DELLS KARRIERE.

Doch das „Neue Frankfurt" und der Bauhaus-Gedanke passen nicht in die Welt der neuen Machthaber 1933. Die Nazis können mit der schnörkellosen Moderne nichts anfangen. Bauhaus-Gründer Walter Gropius emigriert in die USA, Dell muss 1933 die Kunstschule verlassen. Aber er geht nicht ins Exil, sondern in die innere Emigration. Er bleibt in Deutschland und arbeitet nur noch als freier Designer. Davon profitiert man im sauerländischen Neheim.

Gebr. Kaiser und Co. greifen seine Entwürfe auf. Die Erfolgsgeschichte der „idell" beginnt. Christian Dells Rolle aber scheint ausgespielt: Nach Hunderten von Leuchtenentwürfen kehrt er nach dem Krieg zu seinen Ursprüngen zurück: Er arbeitet wieder als Silberschmied. In Wiesbaden eröffnet er 1948 ein Juweliergeschäft. Sieben Jahre später schließt er auch das, zieht sich ganz ins Private zurück, während seine Leuchten den Schreibtischen der Republik ihr Licht geben. 1974 stirbt der Erfinder der „Kommissar-Lampe".

... UND HEUTE?
Auch über das Unternehmen, das mit seinen Leuchten groß wurde, geht die Zeit hinweg: **Ende der 1970er-Jahre ist Kaiser in Neheim ein Übernahme-Kandidat:** Das britische Leuchtenunternehmen Thorn Lightning Ltd. kauft die Traditionsmarke aus dem Sauerland, 1993 übernimmt eine Investment-Gesellschaft das Werk in Neheim. 2000 wird der Standort nach Dortmund verlegt. Es geht nur noch um Verkauf und Marktforschung. Produziert wird hier längst nicht mehr.

Mit Kaiser wird auch die „Leuchtenstadt" Neheim Geschichte. Leuchten werden jetzt anderswo in großen Massen für den Weltmarkt hergestellt. Globalisierung und Strukturwandel in der heimischen Wirtschaft verändern auch den Ort im Sauerland. Doch Spuren bleiben: Dort, wo Kaiser seine „idell" baute, steht heute das „Kaiserhaus": ein modernes Gewerbe- und Dienstleistungszentrum. Ein Ort für junge Unternehmen und Veranstaltungen.

Die Markenrechte an Kaisers „idell"-Leuchten hat heute ein dänischer Design-Möbel-Hersteller: „Republic of Fritz Hansen". Und die lassen den Leuchten-Klassiker wieder bauen. Das eleganteste Modell heißt immer noch „Kaiser idell 6631". Der Preis ist happig, **„idell" ist ein Design-Objekt für gehobenen Wohnstandard** geworden. Für Kommissar-Schreibtische viel zu schön – und wohl auch zu teuer.

Zeitloses Bauhaus-Design

20 — 1936

Claas – Europas erster Mähdrescher

„DANN MACHEN WIR ES EBEN ALLEIN"

Vier Brüder bauen einen Weltkonzern für Landmaschinen: August, Franz, Theo und Bernhard Claas

Ein Sommertag 1936 auf dem Rittergut Zschernitz in Sachsen. Eine Menge Bauern aus der Region sind zusammengekommen. Mit dem Gutsbesitzer Walter Haberland stehen sie auf einem Kornfeld erwartungsvoll um eine etwas unförmige Maschine herum. Eine **technische Revolution** soll das sein, hatte man ihnen versprochen.

Da ist ein Traktor – oder wie die Landwirte sagen: ein Schlepper, das ist 1936 nichts Besonderes mehr. Aber an dem Schlepper hängt etwas, das sie so noch nicht gesehen haben: seitlich versetzt ein riesiges Schneidwerk, wie die Schaufeln eines Raddampfers, daneben ein Förderband, das in ein großes Metallgehäuse führt. Hinter dem Gehäuse eine Plattform, auf der ein Mann mit einigen Stoffsäcken steht.

DER „SIEG VON ZSCHERNITZ".

Und nun setzt sich dieses Gebilde mit großem Getöse in Bewegung: Der Schlepper fährt an, die Blätter des Schneidwerks beginnen sich zu drehen, schneiden das vor ihnen liegende Korn ab, das Förderband hievt es in den Metallbehälter. Darin wird das Korn gedroschen. Auf der anderen

Den Mäh-Dresch-Binder von 1936 musste man noch an einen Schlepper hängen (u.). Später fuhren die Mähdrescher selbst (o.)

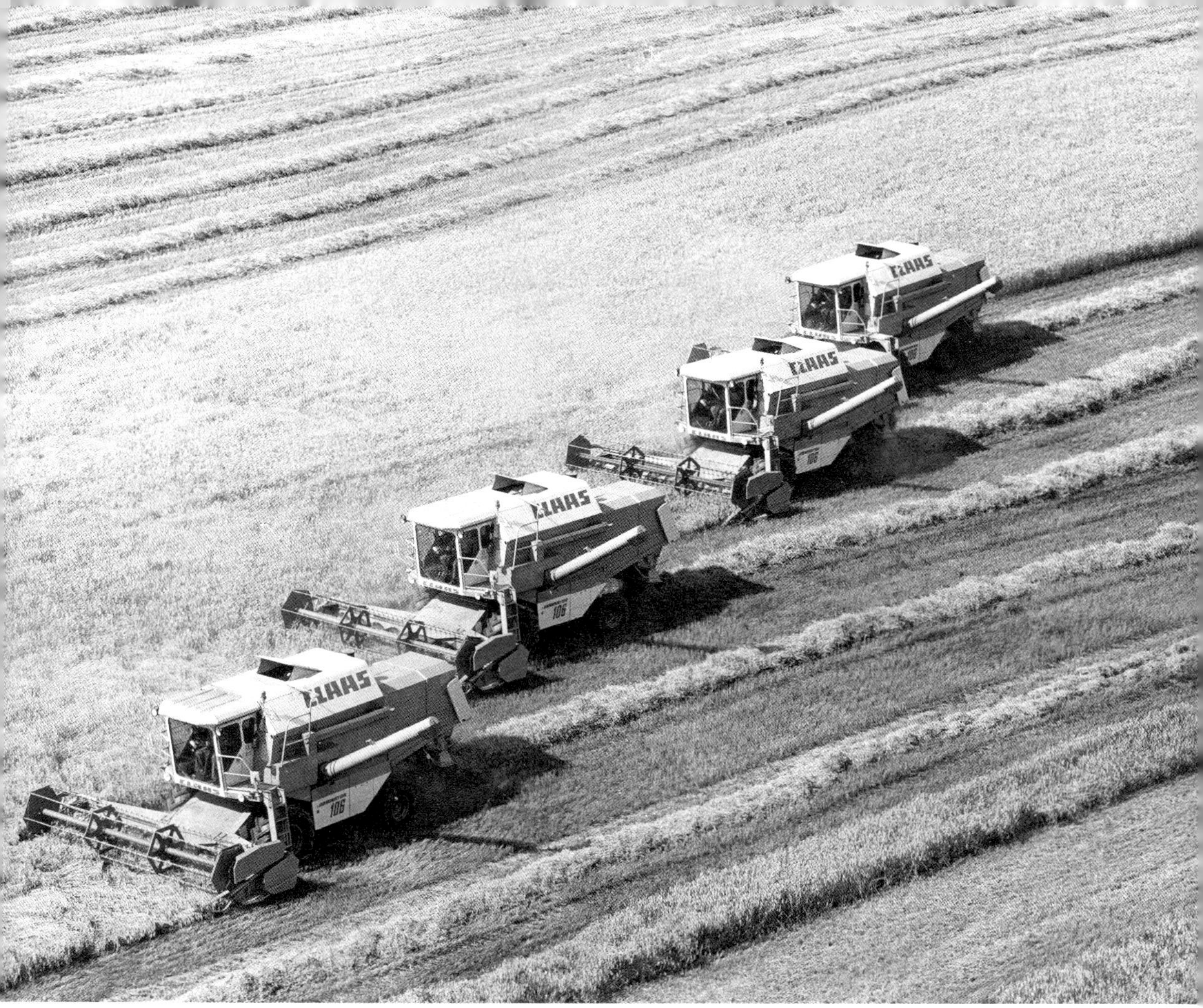

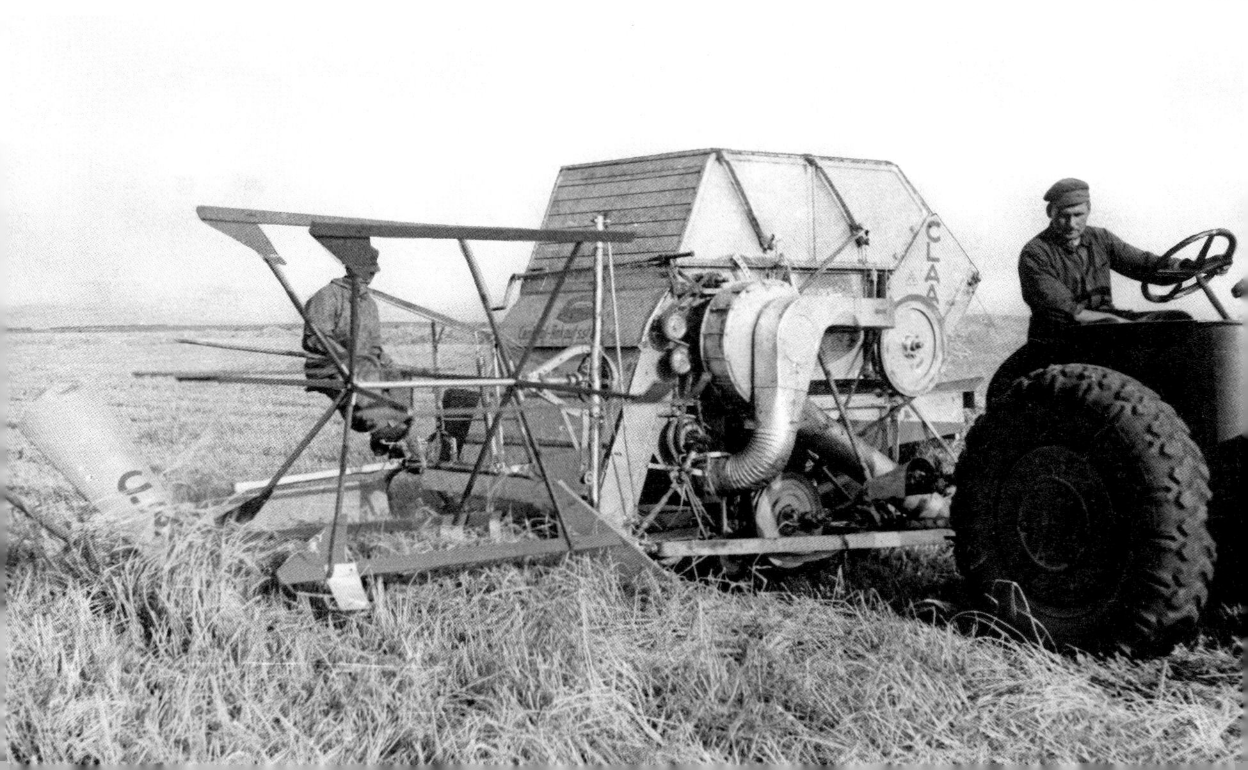

Seite fällt das Stroh durch eine Klappe wieder heraus – fertig gebunden. Und hinter dem Kasten, in dem die Dreschmaschine steckt, kommt aus einer Öffnung das fertige Korn. Der Mann mit den Säcken hält einen Sack darunter und fängt es auf.

Mähen, dreschen, Stroh binden. Alles von einer Maschine in einem Arbeitsgang. Eine Sensation, die die Landwirtschaft verändern wird. Denn bis dahin wurde das Korn erst gemäht, oft noch von Hand, und dann auf dem Feld zusammengebunden. Danach wird die Ernte buchstäblich eingefahren: auf dem Hof zum Trocknen eingelagert. Und erst später wird in stationären Dreschmaschinen gedroschen – bis in den Winter hinein. Das war langwierig, umständlich und vor allem: arbeitsaufwendig. Mit dieser neuen Maschine, die da in Zschernitz erstmals auf dem Feld steht, schaffen drei Leute eine Ernte, für die man vorher 45 Arbeitskräfte brauchte.

Gutsbesitzer Haberland ist so begeistert, dass er die Maschine vom Fleck weg kauft. Und für den Erbauer der Maschine ist endlich ein großer Traum wahr geworden: Er hat gerade den **ersten Mähdrescher Europas** verkauft. Den **Mäh-Dresch-Binder, „MDB".** Erdacht und gebaut bei Claas in Harsewinkel, Ostwestfalen. In der Claas-Firmenchronik wird dieser Tag bis heute – etwas heroisch – als „der Sieg von Zschernitz" gefeiert.

WER HAT'S ERFUNDEN?

Der Sieger heißt: **August Claas** (1887–1982). Und es sah lange nicht so aus, als sollte er diesen Tag auf dem Feld im fernen Sachsen je erleben: 1913 hatte der gelernte Maschinenschlosser die Firma seines Vaters übernommen.

NEUSTART MIT DEN SÖHNEN. Ein Handwerksbetrieb für Landmaschinen. Doch so geschickt der Vater auch als Mechaniker war – die Firma steckte in finanziellen Schwierigkeiten. August Claas entschloss sich zu einem Neustart: Er gründete die Firma neu und holte 1914 seine Brüder Bernhard, Franz junior und später auch Theo mit ins Unternehmen.

Die **„Gebrüder Claas"** kauften eine stillgelegte Fabrik in Harsewinkel und setzten vor allem auf Strohbinder. Mit Erfolg – und etwas Glück: Nach dem Ersten Weltkrieg trieb die Inflation viele in den Ruin. Claas aber hatte einen Großkunden aus den Niederlanden. Der zahlte in Gulden statt in der immer wertloser werdenden Reichsmark. Und sie hatten technisches Geschick: 1921 ließ sich August Claas eine Mechanik patentieren, welche die Strohgebinde so gut und sicher verknoten konnte wie keine andere Maschine. Der **Claas'sche Knoterhaken** schaffte es sogar ins Firmen-Logo.

Während im westfälischen Harsewinkel das Unternehmen wächst, wird im Rheinland ein Mann auf eine ganz neue landwirtschaftliche Technik aufmerksam: **Professor Karl Vormfelde,** Direktor des Landtechnischen Instituts der Universität Bonn. In Australien und den USA werden in den 1920er-Jahren die ersten Mähdrescher zur Ernte eingesetzt. Vormfelde will deutsche Hersteller überreden, auf die neue Technik zu setzen.

Der Patriarch und seine Leute: August Claas mit einem seiner Mitarbeiter

Aber das misslingt. Und das hat seinen Grund: Auf den riesigen Feldern im trockenen Mittelwesten der USA steht das Getreide locker, trocken und aufrecht. Hier in Deutschland ist es viel feuchter, das Korn steht dichter, oft liegt es auf dem Feld. Die US-Maschinen funktionieren hier nicht.

Doch Vormfelde gibt nicht auf. Er wendet sich an August Claas und seinen mittelständischen und – wie man heute sagen würde – technologiegetriebenen Betrieb. Claas ist dabei. Vormfelde schickt ihm seinen besten Mann: Sein Assistent **Dr. Walter Brenner** wird **Chefkonstrukteur bei Claas.** Sein Auftrag: **ein Mähdrescher, der auf europäischen Feldern funktioniert.**

Claas und Brenner machen sich an die Arbeit. Ihre Idee: die Mäh- und Dreschmaschine um den Schlepper herum zu bauen. Vorn das Schneidewerk, dann das Getreide an der Seite vorbeiführen zur hinten angebauten Dreschmaschine. Doch die ganze Konstruktion will einfach nicht richtig

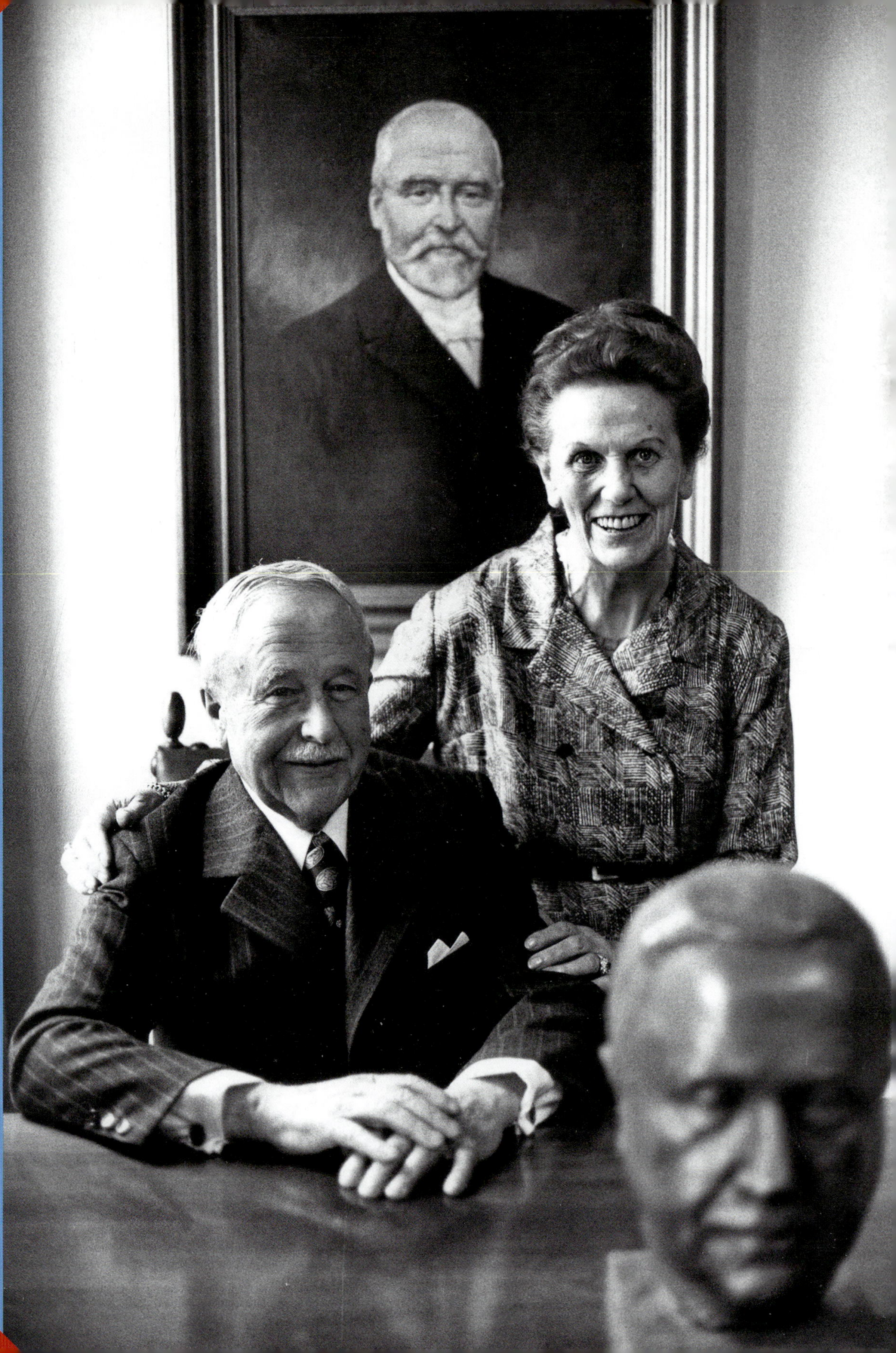

Heute auf einem Ehrenplatz: das historische Modell von 1939

funktionieren. Zu schwach sind noch die Traktoren, es fehlt an leistungsfähiger Elektrik und Hydraulik. Nach einer Vorführung 1931 winken die Branchengrößen ab. Einige verdienen zudem gut an den stationären Dreschmaschinen und wollen sich das Geschäft nicht kaputt machen lassen. Jetzt ist es August Claas, der nicht aufgibt: Wenn die anderen nicht wollen, „dann machen wir es eben allein". Diesen Satz werden seine Nachfahren später wieder und wieder zitieren.

Claas und Brenner denken die ganze Sache noch mal neu. Statt alles um den Schlepper herum zu bauen, konstruieren sie nun einen Anhänger, auf dem sie zwei – im Prinzip bekannte – Maschinen miteinander verbinden: den Garbenbinder und die Dreschmaschine. Erste Versuche laufen erfolgreich. Und dann die Fahrt in den Osten. Auf die weiten Felder von Tschernitz. Im Gepäck: der Prototyp des Mäh-Dresch-Binders. Nach dem „Sieg von Zschernitz" wird der „MDB" ein Selbstläufer: 1937 geht er in Serie. Bis der Krieg kommt, sind fast 1500 Stück verkauft. August Claas' Sohn Helmut sagt heute: Es gab zwei technische

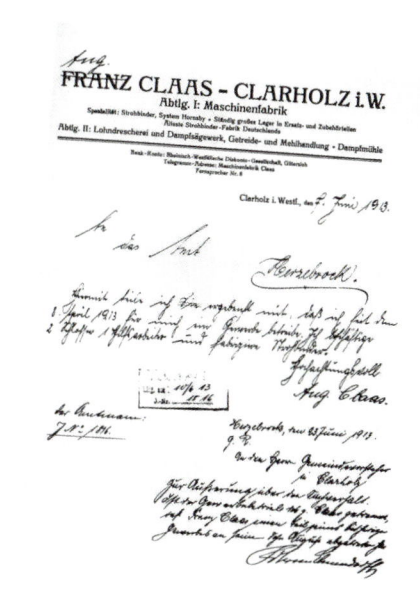

„Dann machen wir es eben allein"

Erst der Traktor, dann der Mähdrescher — beide Maschinen haben die Landwirtschaft von Grund auf verändert

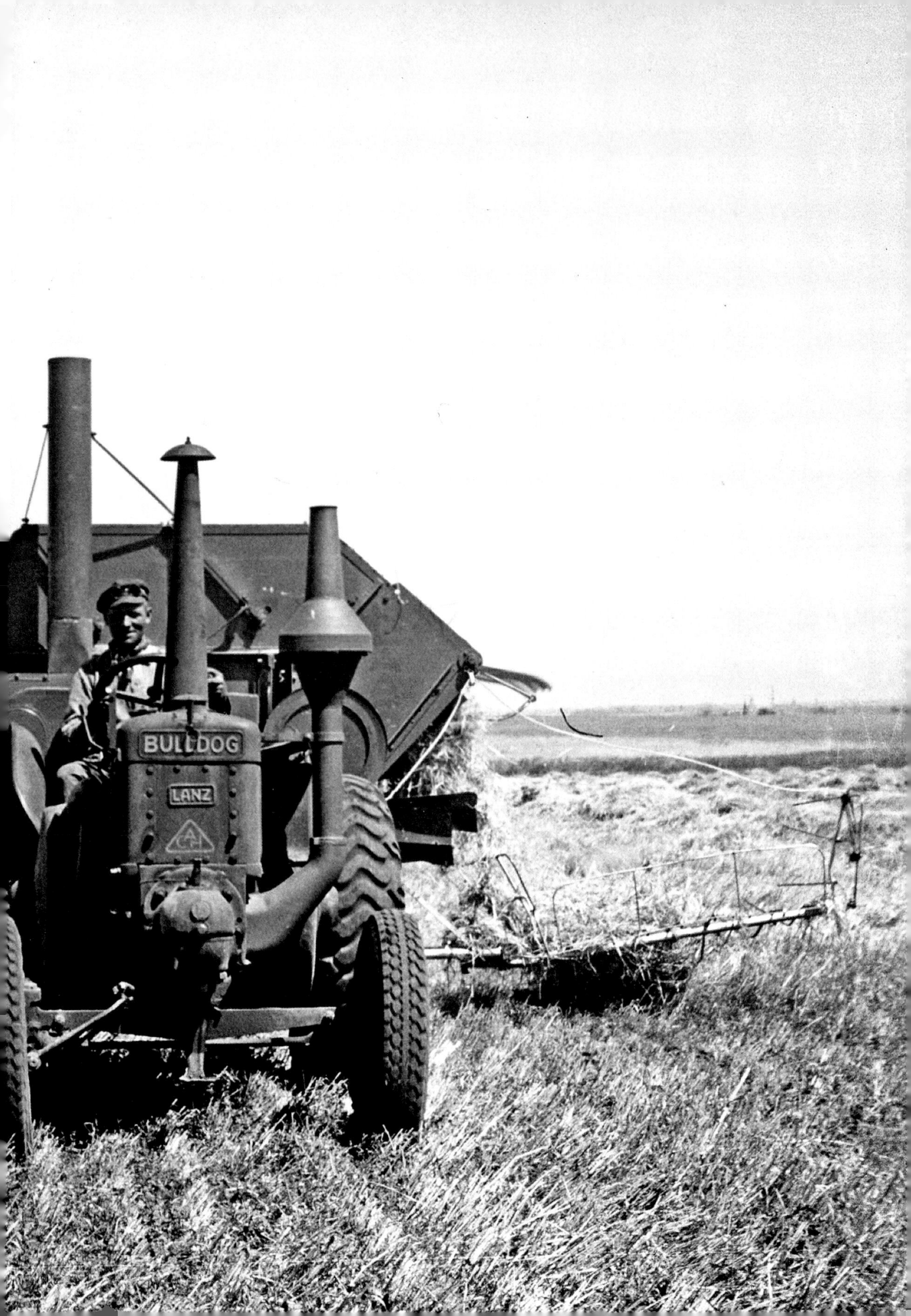
BULLDOG
LANZ

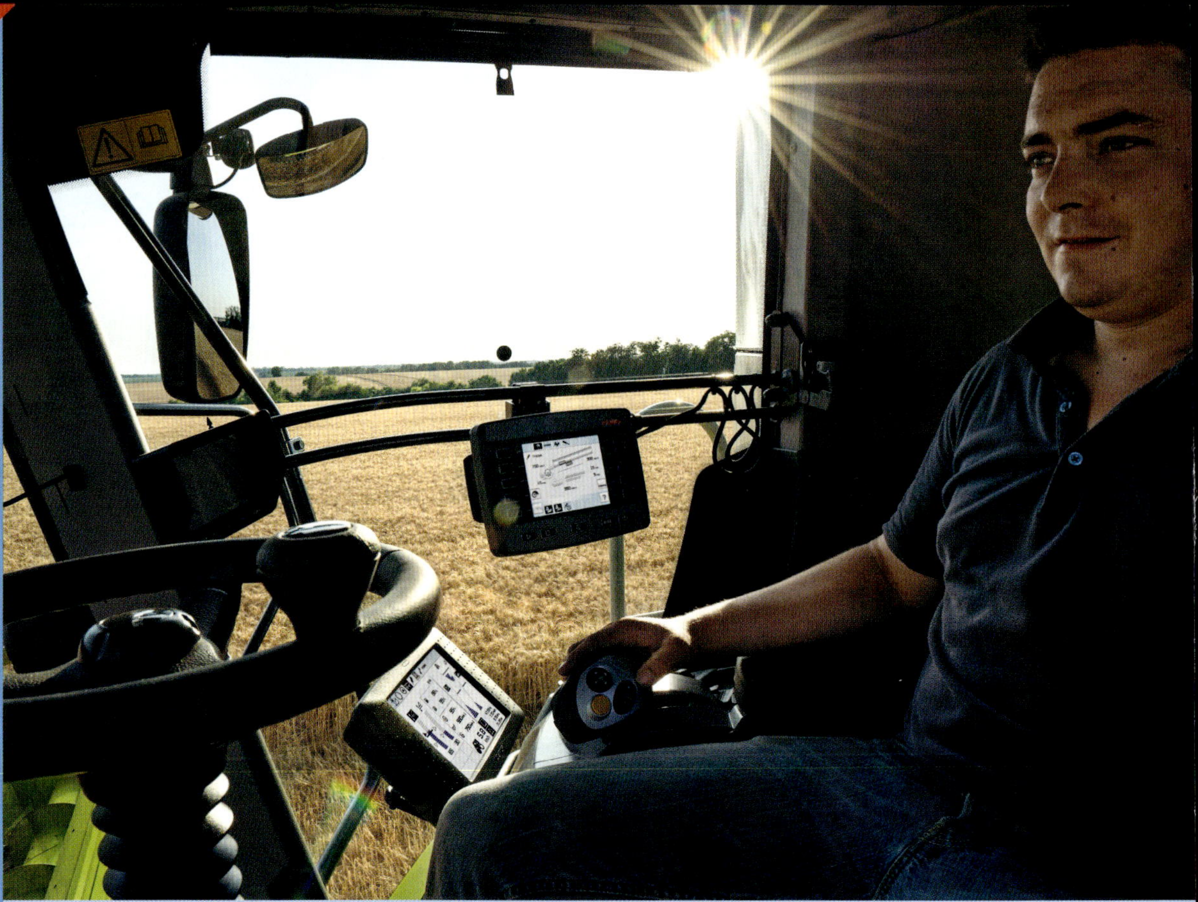

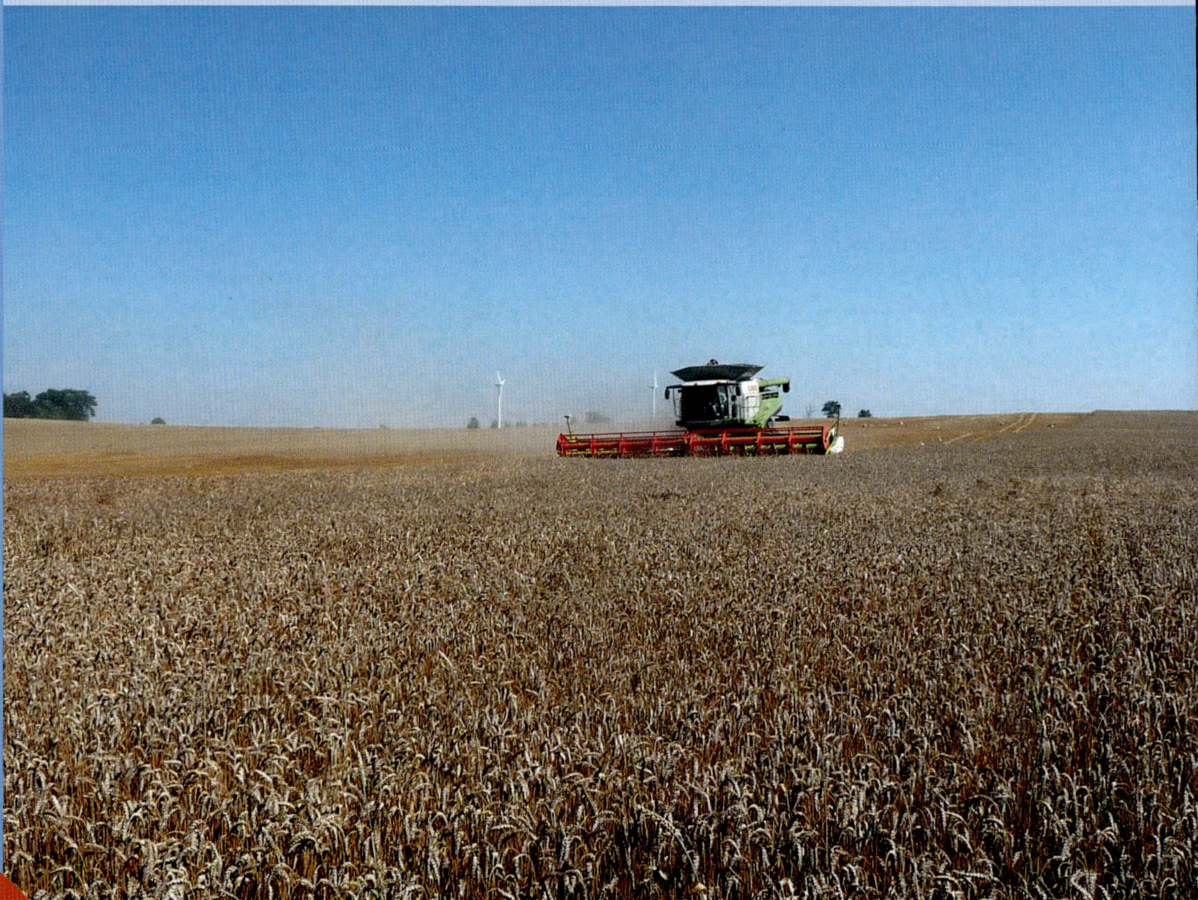

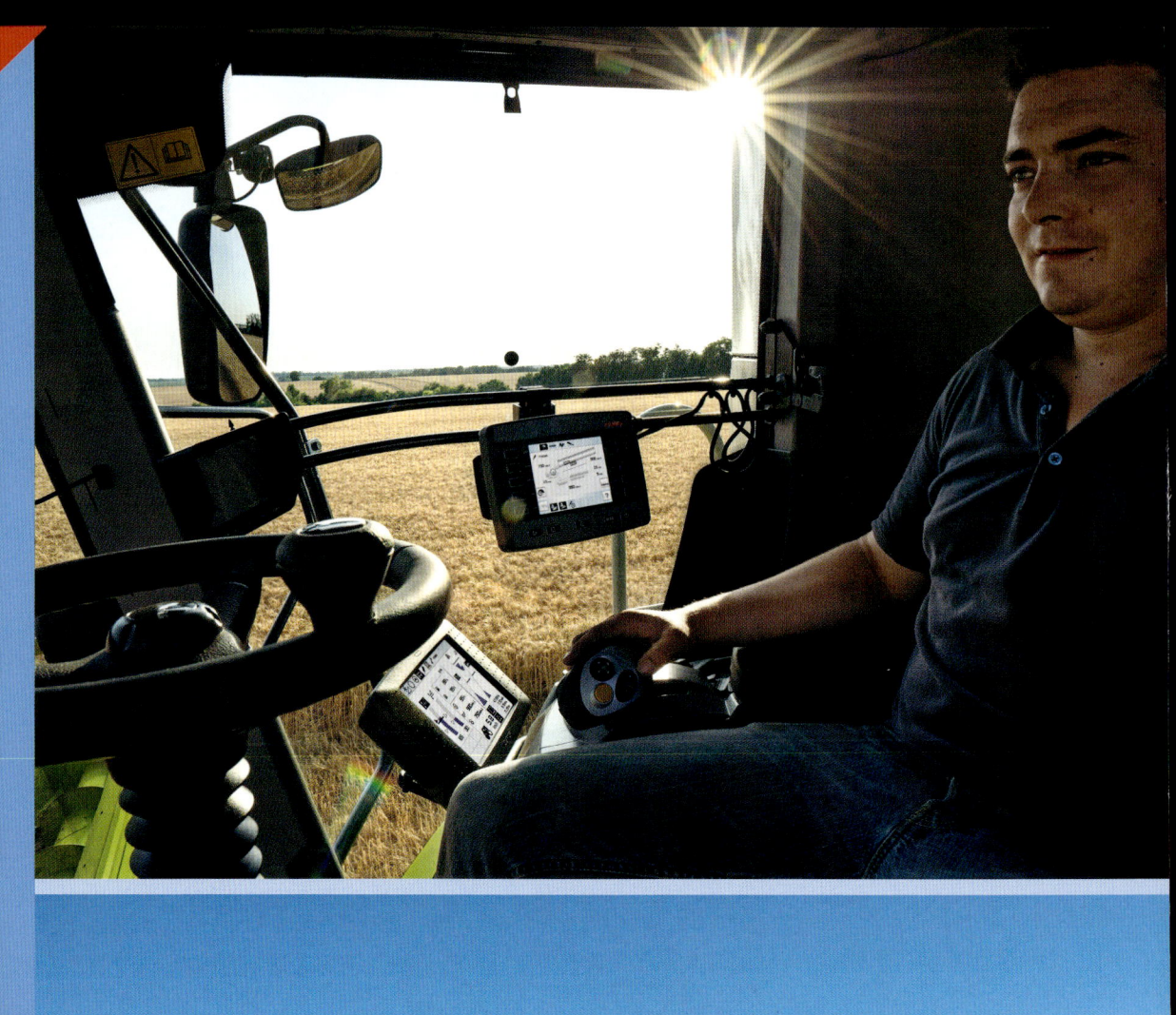

Schneller, bequemer, größer: So sehen Mähdrescher heute aus

Revolutionen in der Landwirtschaft. Die erste war der Traktor. Die zweite der Mähdrescher.

... UND HEUTE?

Claas ist immer noch Marktführer bei Mähdreschern in Europa. Nach dem Ur-Modell hat Claas seine Maschine immer wieder verbessert. Als die Nationalsozialisten den Betrieb 1943 zwangsweise auf Rüstungsproduktion umstellten, wurde heimlich weiterkonstruiert. 1952 stellte Claas seinen ersten selbstfahrenden Mähdrescher vor. Von da an wurden die Erntemaschinen immer größer, immer komfortabler, sie heißen nun „Super" oder „Dominator".

MODERNE MÄHDRESCHER ÜBERTRAGEN IHRE DATEN LIVE.

Im Mähdrescher von heute sitzt der Fahrer hinter einem gigantischen Schneidewerk in einer Kabine, umgeben von Computerbildschirmen. Die Maschinendaten werden live via Mobilfunk übertragen. Die Bauern auf dem Feld von Zschernitz hätten das Teil wohl für ein Raumschiff von Außerirdischen gehalten.

Mit den Maschinen wuchs das Unternehmen. Heute ist Claas einer der größten Landmaschinen-Hersteller der Welt. 3,7 Milliarden Euro Umsatz, fast 11.000 Mitarbeiter. Geforscht, konstruiert und gebaut wird immer noch in Harsewinkel. Und die Firma gehört immer noch der Familie Claas. In einem Film zum 100-jährigen Firmenjubiläum 2013 huscht ein Lächeln über das Gesicht von Catharina Claas-Mühlhäuser, Enkelin von August Claas und Aufsichtsratsvorsitzende, als sie es noch einmal sagt: „Dann machen wir es eben allein."

21
1938

Zwillings Küchenhilfe – ein Klassiker aus Solingen

DIE SCHERE FÜR ALLE FÄLLE

Gesehen hat sie fast jeder schon. Die meisten hatten sie auch schon mal in der Hand. Vielleicht nicht das Original, aber: Sie ist ja auch die meistkopierte Schere der Welt – sagt der Hersteller. **„Küchenhilfe"** heißt sie. Man kann mit ihr festsitzende Schraubverschlüsse lösen oder die Deckel von Vakuum-Gläsern. Ganz wichtig: Bierflaschen bekommt man damit auch auf. Was vielleicht erklärt, dass die „Küchenhilfe" auch in einem Werkkeller nicht fehlen darf. Sie ist also so **eine Art Schweizer-Messer unter den Scheren.** Und sie sieht irgendwie so aus, als sei sie immer schon da gewesen. Zeitlos – immer ein Zeichen für gelungenes Design.

Natürlich würden Fachleute an dieser Stelle auf ganz andere Dinge abheben. Darauf zum Beispiel, dass die beiden Teile der Schere mit einer Schraube – und nicht mit einer billigen Niete – verbunden sind. Damit man sie auseinanderschrauben und dann die Klingen einzeln schleifen kann. Was sich bei x-beliebigen Wegwerfscheren gar nicht lohnen würde. Und auf den **Spezialstahl,** der mit einem besonderen Verfahren gehärtet ist, darauf würden Fachleute als Allererstes hinweisen. Für dieses Verfahren hat sich Zwilling sogar eine eigene Marke eintragen lassen: **„Friodur".** Beides wurde kurz nacheinander in Solingen erfunden und geschützt: 1938 die „Küchenhilfe". Ein Jahr später Friodur. Hergestellt wird die „Küchenhilfe" bis heute. Nachgemacht auch.

JOHANN ABRAHAM HENCKELS

WER HAT'S ERFUNDEN?
Die Patente hat die **„Zwilling J. A. Henckels AG".** Ein **Traditionsunternehmen,** aber das sagen ja viele von sich. Hier ist es tatsächlich eine Geschichte über vier Jahrhunderte. Sie beginnt exakt am 13. Juni 1731. Peter Henckels, Sohn einer alteingesessenen Familie von Schleifern und Klingenschmieden aus dem Raum Solingen, Elberfeld und Lennep, trägt sein Markenzeichen in die Zeichenrolle der Solinger Messermacher ein: „Zwilling" – das ist sein Sternzeichen. Dreimal wurde das Zeichen bei Gericht ausgerufen – und so waren seine Markenrechte gesichert. Damit ist **„Zwilling" eine der ältesten Marken der Welt.**

„Zwilling" ist eine der ältesten Marken der Welt

Zwilling

KÜCHEN-HILFE

EINE PRAKTISCHE
UNIVERSALSCHERE
MIT VIELEN
VERWENDUNGS-
MÖGLICHKEITEN
FÜR JEDEN
HAUSHALT
ROSTFREI

J. A. HENCKELS ZWILLINGSWERK AG SOLINGEN

Blatt 94.

Facsimile. *(handschriftlicher Text)*

Uebertragung.

„Dieße hierunter gemerckte Zeichen der Zw ⚔ Uing und $\frac{AFA}{M}$ genandt so Peter Henckels b. 13. Juny 1731 ohn gericht verträg attestate des botten zum dritten Mahl außrufen laßen ist demselben mit Consens deß älteren Clemens Kirsch seel. sohn so ihr Zeichen wie solches auff neben stehendem Blatt auff wilhelm Kirchhoffs nahmen stehen haben ohne praeju [diz] beßelben zu ⚔ schlagen eingeschrieben worden
peter Henckels ⚔ $\frac{AFA}{M}$ $\frac{AFA}{M}$*)

Jedoch aber daß schwerdtigen darüber zu schlagen den $\frac{AFE}{AVE\ M}$**) Zwilling betreffend."

„Lauth Kauff vom 11. decemb. 1760 hat Joan Peter Henckels als Erb deß petern Henckels den Zwilling Verkaufft an Joan Godtfried Henckels zur Linden."

Blatt 95.

Facsimile. *(handschriftlicher Text)*

Uebertragung.

Wilm Kirckhoff ⚔
Dießes Zeichen stehet frey 2 oder 3fach zu schlagen.

Zwilling – seit 1731 eingetragene Marke

Aber erst ein Nachfahre, **Johann Abraham Henckels** (1771–1851), macht aus dem Handwerksbetrieb eine richtige Firma. Er gibt ihr seinen Namen: J. A. Henckels, und gründet 1819 eine Filiale in der damals aufstrebenden preußischen Stadt Berlin. Henckels muss ein Qualitätsfanatiker gewesen sein. Der Legende nach warf er Messer, die ihm nicht gut genug waren, einfach in die Spree.

Die Qualität zahlte sich aus: Auf den Weltausstellungen 1851 in London und 1853 in New York bekamen die Zwilling-Messer Medaillen. Das war damals nicht etwa eine x-beliebige Auszeichnung, es war ein unschlagbares Verkaufsargument. Diese **Weltausstellungen** waren eine Art **Leistungsschau der Industrie.** Die besten der jeweiligen Branche weltweit kamen zusammen und man konnte ihre Produkte vergleichen. Wer hier Medaillen errang, konnte sicher sein, damit bei Kunden erheblich Eindruck zu machen.

Und doch mussten die Solinger noch ein Problem lösen: Man war abhängig von Stahlimporten. Und das Material aus der britischen Stahlstadt Sheffield war das beste. Henckels Söhne erkannten, dass sie ihren eigenen Stahl gießen mussten und dass er so gut wie der aus Sheffield sein musste, wenn Solingen langfristig eine Chance haben sollte. **1868** war es so weit: **Zwilling bekam seine eigene Gussstahl-Fabrik.** Nun kontrollierten die qualitätsbewussten Henckels alles: vom Rohmaterial bis zur fertigen Klinge.

In der Folgezeit wuchs Zwilling immer weiter. 1881 eröffneten die Solinger sogar eine Filiale in New York. Im Werk in Solingen ersetzten eigens entwickelte Maschinen zunehmend die mühsame Feilarbeit. Immer neue Fräsen, Pressen und Hämmer gingen in Betrieb, das Firmengelände wurde größer, Werkswohnungen für die Arbeiter kamen dazu. Zwilling war in Solingen nicht mehr zu übersehen.

Die Marke wurde zu einem festen Begriff – fast jeder kannte sie: Kaiser Wilhelm I. bekam zu einer Jubiläumsfeier ein Schwert aus der Henckel'schen Schmiede überreicht und als im Jahr 1900 der Bau des Berliner Teltow-Kanals mit einem feierlichen ersten Spatenstich begann, war der versilberte Spaten von – Zwilling.

DIE PERFEKTE FORM.

Die Schere für alle Fälle

DIE GRÖSSTE SCHNEIDWARENFABRIK DER WELT.

Mitte der 1920er-Jahren hatte das Unternehmen seine beste Zeit: Noch einmal wird auf dem Firmengelände angebaut, 1200 Menschen arbeiten hier nun, dazu kommen noch einmal 1300 Heimarbeiter. Das Sortiment umfasst mehrere Tausend Schneidewerkzeuge. Zwilling ist jetzt die größte Schneidewarenfabrik der Welt.

Wenige Jahre später kommt die „Küchenhilfe" und wird zu einem der beliebtesten Produkte von Zwilling. Für das neue Eis-Härteverfahren von Stahlklingen gibt es 1939 noch ein Patent und einen Markennamen: „Friodur". Nutzen konnte man es erst einmal nicht mehr. Es war Krieg. 42 Bombentreffer zerstören wesentliche Teile von Zwilling.

Opulent im Stil des 19. Jahrhunderts: Zwilling-Niederlassung Berlin

Ein Stück bergischer Industriekultur: Henckels Zwillingswerke in Solingen

… UND HEUTE?

Das Werk wird wiederaufgebaut. Die ersten „Friodur"-Klingen kommen 1951 auf den Markt. Die „Küchenhilfe" natürlich auch. Und die Wirtschaftswunder-Jahre lassen auch Zwilling wieder wachsen. 1969 geben die letzten Nachfahren der Henckels das Unternehmen ab: Die Neusser Unternehmensgruppe Wehrhahn übernimmt erst die Aktienmehrheit, zwei Jahre später das ganze Unternehmen.

Über Jahrzehnte expandiert Zwilling nun ins Ausland, in vielen Ländern übernimmt man verwandte Unternehmen von der Stahlwarenfabrik bis zur Messermanufaktur. Und so wird die Produktpalette immer größer: Küchengeräte, Maniküre-Sets, Besteck, Geschirr. Die „Küchenhilfe" aber bleibt. Als – nicht ganz billige – Alternative zu den Ex-und-hopp-Scheren in unserem Alltag. Und wenn man die Geschichte kennt, die dahintersteht, fasst sich so eine Schere irgendwie doch gleich ganz anders an.

Die Schere für alle Fälle

1950

Puky – ein Düsseldorfer Stahlhändler, dem alle Eltern vertrauen

AUF LUFTREIFEN INS WIRTSCHAFTSWUNDER

Schauen Sie mal auf die Kinderfahrräder, die vor einer Kita stehen. Oder sonntags an einem großen Kinderspielplatz. Oder gehen Sie mal in ein Fahrradgeschäft und fragen Sie nach Kinderrädern für die ganz Kleinen. Oder achten Sie mal auf Fotos von Rad fahrenden Kindern in Zeitschriften. Puky. Immer Puky. Sie kommen um diese Marke gar nicht herum, sobald es um Kinderfahrräder geht. Klar, es gibt auch andere Hersteller, wir leben schließlich in einer Marktwirtschaft. Aber irgendwie scheinen die bunten Räder mit dem roten Achteck und der schwarzen Schrift allgegenwärtig. Die tiefblauen oder knallroten. Die rosafarbenen Lillifee-Räder, die kleinen schwarzgelben Tigerenten-Räder und erst recht die Dreiräder: gelb, rot, blau.

Woher kommt es, dass diese Räder mehr als alle anderen unter deutschen Weihnachtsbäumen stehen, an deutschen Kindergeburtstagstischen lehnen? Dass die Großeltern im Laden für ihren Enkel nach Puky verlangen? Die Eltern für ihren Sohn oder ihre Tochter? Es ist so etwas wie eine **kollektive Nachkriegserfahrung:** Der Opa hat Anfang der 1950er seine ersten Runden auf der noch nicht so viel befahrenen Straße vor dem Haus mit einem Puky-Roller gedreht und als er selber Vater wurde, das erste Kind auf ein Puky-Fahrrad gesetzt. Und wenn er jetzt die Enkelin auf dem Dreirad mit Schiebestange schiebt ... dann setzt man halt auf das, womit man Kindheitserinnerungen verbindet.

Puky ist eine **klassische deutsche Wirtschaftswunder-Geschichte.** Und wie die meisten dieser Geschichten beginnt sie in Trümmern. Den Trümmern der **Motorenwerke NSU** in Neckarsulm. Zerstört im Zweiten Weltkrieg. NSU – die spätere Audi AG – produzierte damals auch Fahrräder. Nur jetzt eben gar nichts mehr.

Das aber wird nach Kriegsende anders – und zwar in Düsseldorf: Der dortige NSU-Generalvertreter **Hermann Schlessmann** beginnt hier, statt im kaputten Werk in Neckarsulm, wieder Fahrräder zu bauen. Für die Fahrradrahmen braucht er Stahl. Und der Stahlhandel, der kommt in Düsseldorf schnell wieder in Gang. So lernt er den **Stahlhändler Heinz Kuchen-**

MIT „PUCK" FING ES AN, 1956 WURDE „PUKY" DARAUS.

Puck auf der ersten Spielwarenmesse nach dem Krieg

Kindersportfahrzeuge

DÜSSELDORF-GRAFENBERG — PUCK — HOHENZOLLERNWERK

AB 12
Ballondreirad

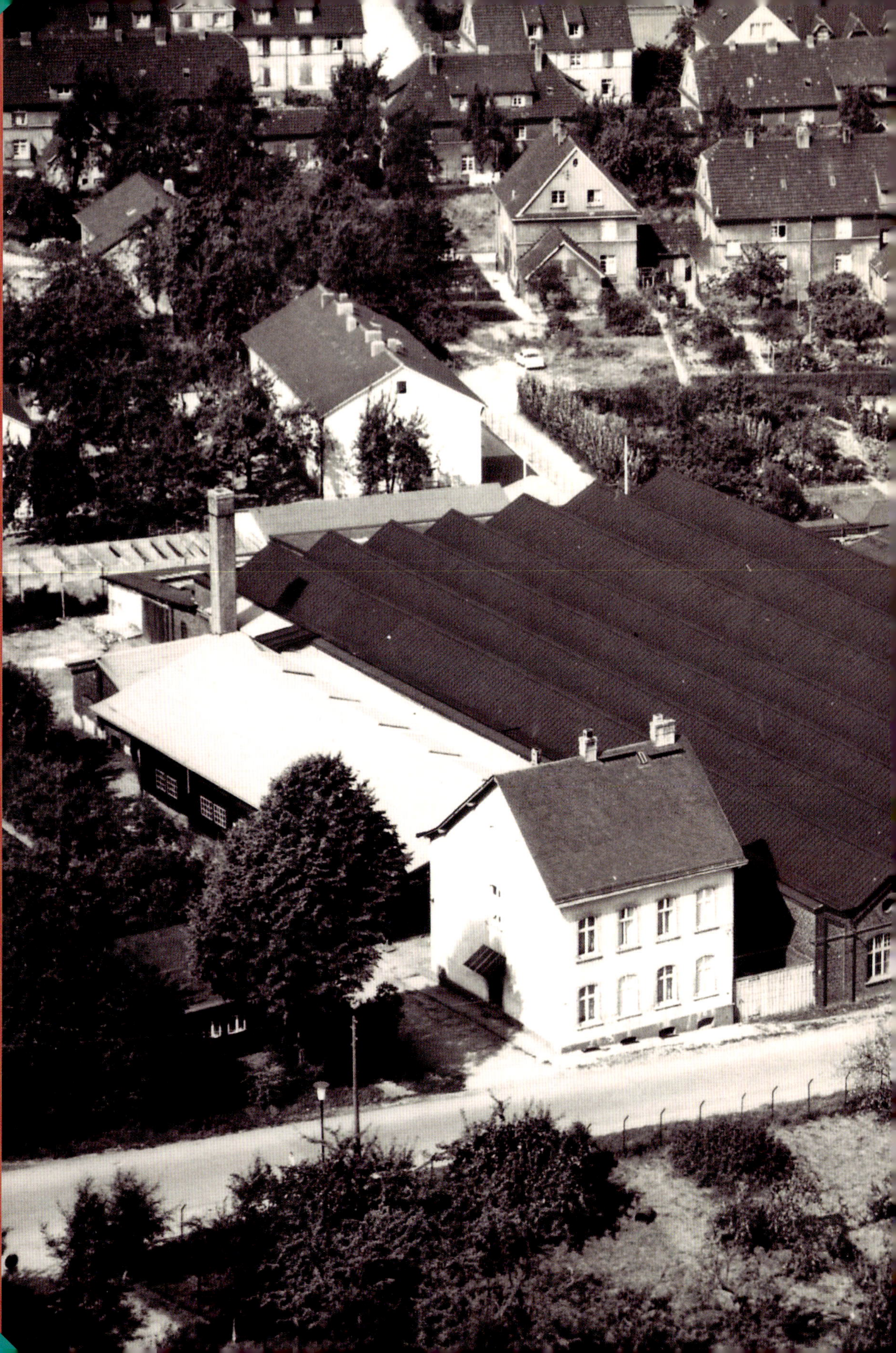

Puky wächst und zieht von Düsseldorf nach Wülfrath

In einer alten Montagehalle in Düsseldorf beginnt die Puky-Story

becker kennen. 1949 holt NSU seine Fahrradproduktion wieder zurück ins neu aufgebaute Stammwerk in Süddeutschland.

Schlessmanns Düsseldorfer Fahrrad-Montagehalle steht leer. Aber der Stahlhändler Kuchenbecker hat eine Idee: Wie wäre es, wenn man darin was für Kinder machen würde? Da sieht es im Nachkriegsdeutschland noch ziemlich finster aus: Die Leute können sich kaum das Nötigste leisten, da war an Spielzeug oder gar so was wie einen nagelneuen Kinderroller gar nicht zu denken. Aber das ändert sich jetzt, nach der Währungsreform, ja gerade. Schlessmann ist so angetan, dass er gemeinsam mit einigen anderen mit einsteigt in Kuchenbeckers Kinderfahrzeug-Firma mit dem kindertauglichen Namen „Puck".

Ein Jahr später, 1950, stehen die beiden in Nürnberg auf der ersten Spielwarenmesse der neuen Bundesrepublik. Die Stimmung ist gut, die Wirtschaft kommt in Schwung und in Sachen Spielzeug hat das Land einen riesigen Nachholbedarf – das hatte Kuchenbecker richtig erkannt. Und er hat auf dieser Messe etwas Neues zu bieten. Etwas, das die Düsseldorfer Firma bekannt machen wird: einen **Tretroller mit Luftreifen.** Der „Ballonroller" läuft bedeutend leichter als die Vorkriegsroller mit ihren rumpeligen Vollgummi-Rädern. Für knapp 60 D-Mark steht er bald im Laden. Und er wird ein Renner. Nicht nur auf den Straßen und Bürgersteigen, auch an der Verkaufstheke. 3993 Kinderfahrzeuge baut Puck im Gründungsjahr – die allermeisten von ihnen sind Roller.

WER HAT'S ERFUNDEN?
Der Puck-Roller mit den Luftreifen war für Kuchenbecker ein Glücksgriff. Mit dieser Eigenentwicklung sicherte er sich nun seinen Platz bei allem, was Kinder mobil macht: Dreiräder, Fahrräder, später Gokarts und Laufräder. Kaum ein Album mit Kinderbildern aus dieser Zeit, in dem der oder die Kleine nicht mit irgendeinem Puck-Gefährt posiert.

1956 wird aus „Puck" der heutige Markenname „Puky". Es gab eine Ähnlichkeit mit dem Namen der alteingesessenen österreichischen Zweiradmarke „Puch". Dem ging man nun mit „Puky" aus dem Weg.

Die Firma wird immer größer, das Düsseldorfer Werk wird ihr zu klein – man zieht ins nicht weit entfernte bergische Städtchen Wülfrath, dort steht eine Fabrikhalle leer, in der Ford früher Lenkungen gebaut hat. Jetzt werden dort die Puky-Räder gefertigt.

Ein Familienbetrieb, der leicht ohne Werbung auskommt

... UND HEUTE?

In Wülfrath ist Puky bis heute. 1974 übernimmt Heinz Kuchenbeckers Sohn Rolf die Firma. Vier Jahre später erfindet Puky eine ganz neue Form des Dreirads: Pedale mit Freilauf und eine Stange zum Einstecken, mit der Eltern ihre Sprösslinge sicher über den Bürgersteig schieben können.

Fahrradmontage ist immer noch mit sehr viel Handarbeit verbunden, das macht der Branche in Deutschland wegen der hohen Lohnkosten Probleme. Viele Fahrradhersteller verlegen die Produktion ins Ausland. Puky findet eine andere Lösung: Man arbeitet mit einigen Behindertenwerkstätten in der Region zusammen. Das spart Kosten und hilft, die mittlerweile etwa 100 Arbeitsplätze in NRW zu erhalten. 1991 leistet sich Puky ein neues Firmengebäude, bleibt aber in Wülfrath.

Rund 700.000 Fahrräder, Dreiräder, Laufräder, Bollerwagen werden hier jedes Jahr hergestellt. Zwar wird einiges auch im Ausland verkauft, aber Deutschland bleibt der mit Abstand wichtigste Markt. Denn hier sind die Großeltern und die Eltern, die alle mal Puky gefahren sind, als sie selbst Kinder waren.

Auf Luftreifen ins Wirtschaftswunder

Rimowa – von der Sattlerei zum Luxuskoffer-Hersteller

23
1950

REISEN MIT DEN RILLEN

Plastik, schwarz. Stoff, schwarz. Oder grau. Oder schreiend bunt. Wer am Gepäckband eines Flughafens auf seinen Koffer wartet, kann sich die Zeit mit Gepäckstudien vertreiben. Und ab und zu wird das Einerlei von einem Unikum durchbrochen: Aluminium, silberfarben. mit abgerundeten Ecken und Längsrillen, die den Koffer wie eine überdimensionale altmodische Butterbrotdose aussehen lassen. Und so zerbeult, als sei eine Elefantenherde darübergetrampelt.

Die vielen Beulen und Kratzer sind, nun ja, schick. Zumindest weiß man jetzt: Der Besitzer ist erstens schon weit gereist, kann sich zweitens einen sehr teuren Koffer leisten und hat drittens Stil, denn der Alu-Koffer mit den Rillen ist ein Klassiker. Ein Rimowa-Koffer aus Köln.

Die Geschichte dieser Ikone des Reisegepäcks begann mit einem Unglück: Köln, in den letzten Monaten des Zweiten Weltkriegs. Weite Teile der Stadt sind zerstört. In den Lagerhallen der Kofferfabrik von Richard Morszeck an der Aachener Straße im Kölner Stadtteil Junkersdorf brennt alles nieder. Das Holz für die Koffer. Das Leder für den edlen Bezug. Nur ein Stapel Aluminiumplatten bleibt verschont. Aus diesem Material hatte Richard Morszeck schon 1937 einen ersten Überseekoffer gebaut. Der Vorteil gegenüber den bis dahin üblichen Holzkonstruktionen: Der Koffer war leicht und stabil.

Nach dem Ende des Krieges blieb Morszeck also gar nichts anderes übrig, als das Material zu nehmen, was halt noch übrig war: das Aluminium. Eine glückliche Fügung, denn: Mit dem aufkommenden Passagier-Flugverkehr war auf einmal das Gewicht von Gepäckstücken wichtig geworden. Was bei Schiffspassagen oder Bahnfahrten kaum eine Rolle spielte – hier war es wichtig. Und damit die dünne Aluminiumhaut etwas stabiler wurde, ließ sich Morszeck die Sache mit den Rillen einfallen. Das Material wurde wellenförmig gebogen – so wie die Alu-Haut der alten Junkers-Flugzeuge. Das funktionierte nicht nur gut, es ließ die vielen Kratzer, die so ein Koffer

PAUL MORSZECK

Rimowa Handkoffer von 1950

Mit Überseekoffern fing der Betrieb an

Patina ist Teil des Rimowa-Charmes

zwingend auf Reisen abbekam, lange nicht so deutlich erkennbar werden wie bei den glatten Aluminium-Vorläufern aus den 1930er-Jahren.

Und noch etwas bewirkten diese Rillen. Wahrscheinlich war genau das für den Erfolg ausschlaggebend: Die Rillenstruktur gab dem Koffer auch ein ganz eigenes, ein elegantes Aussehen. Als 1950 die ersten dieser neuen Rimowa-Koffer auf den Markt kamen, wirkten sie einfach modern – sie passten zur Zeit. Und die eher technische Anmutung gefiel den Geschäftsreisenden. Das Design dieses Koffers wurde nie mehr grundlegend verändert.

WER HAT'S ERFUNDEN?

Richard Morszeck führte die Kofferfabrik schon in zweiter Generation. Angefangen hatte alles mit seinem Vater, **Paul Morszeck.** Der **betrieb seit 1898 eine Manufaktur für Reisegepäck.** Er fertigte Koffer aus Sperrholz, die mit Leder bezogen wurden. Koffer, die man damals von Gepäckträgern in die Eisenbahn wuchten ließ oder die für Schiffspassagen verladen wurden. Ein wachsender Markt. Hatte früher neben den Kaufleuten nur der Adel die Muße und das nötige Geld für ausgiebige Reisen, so begann nun das wohlhabende Bürgertum zu reisen. Die Eisenbahn machte es möglich und nach Übersee ging es halt mit dem Dampfschiff.

Als das Automobil aufkam, hatte Morszecks Sattlerei auch dafür die richtigen Größen im Angebot. Allerdings waren seine Koffer durchaus empfindlich: Das Leder war nicht tropentauglich. Feuchtigkeit setzte dem Leder zu, Termiten fraßen es an. So probierte sein Sohn Richard in den 1930er-Jahren neue Materialien aus.

Als Richard Morszeck die Firma übernommen hatte, sorgte er für das Markenzeichen, das bis heute gilt: **Rimowa. Richard Morszeck Warenzeichen.** Eingetragen beim Reichspatentamt in Berlin, 1931. Immer mehr Menschen konnten sich jetzt Reisen leisten und immer seltener war man mit großer Entourage unterwegs. Das Gepäck wurde kleiner und leichter. Die Rimowa-Koffer auch. Richard Morszeck probierte einiges aus und hatte eben 1937, wie erwähnt, den ersten Koffer aus Aluminium im Angebot.

Noch leichter, trotzdem fest: Koffer aus Polycarbonat

Reisen mit den Rillen

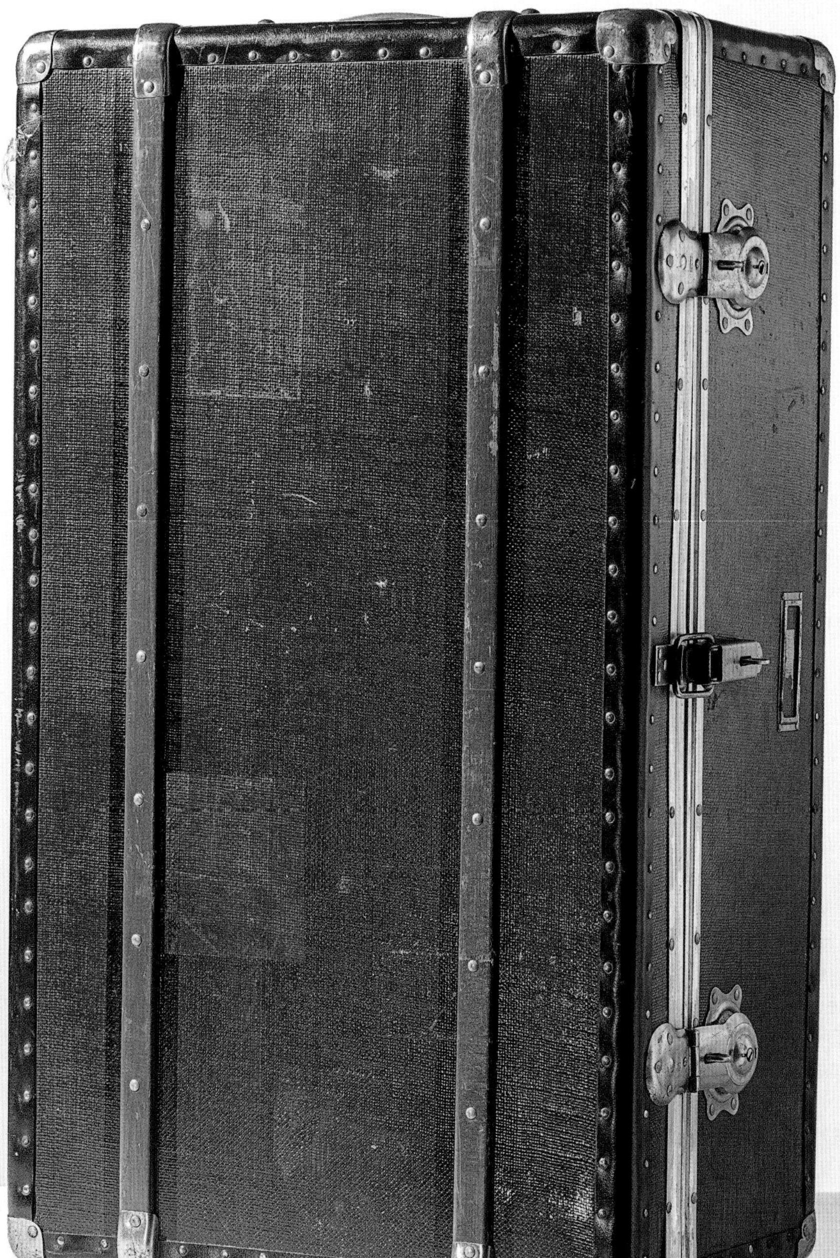

... UND HEUTE?

Der Rillen-Koffer sorgt dafür, dass die Firma international bekannt wird – und gut verdient. 1981 übernimmt die dritte Generation: Richards Sohn Dieter Morszeck führt jetzt die Firma. Der ist mindestens so ein Tüftler wie sein Vater. Schon in jungen Jahren bastelt der Hobby-Fotograf an einem wasserdichten Fotokoffer. Er erfindet den Koffer auf vier Rollen.

Und er lässt ein neues Rimowa-Gebäude bauen: Baukörper in Kofferform, mit Aluminium-Fassade, ganz wie der Koffer, der zum Rimowa-Markenzeichen wurde. 1986 bezieht die Firma die Koffer-Bauten. Ein Jahr später bekommt das Architekturbüro, das die neue Rimowa-Kofferfabrik entworfen hat, den Deutschen Architekturpreis.

Der größte Coup aber gelingt Dieter Morszeck im Jahr 2000. Eine Erfindung, die für die Firma wirtschaftlich mindestens so bedeutend ist wie der Aluminium-Rillenkoffer: Morszeck **entdeckt das Koffermaterial der Zukunft: Polycarbonat.** Ein Kunststoff mit deutlich besseren Materialeigenschaften als herkömmlicher Kunststoff. Allerdings auch teuer. Dafür noch leichter, noch schlagfester, noch stabiler als das Rimowa-Aluminium.

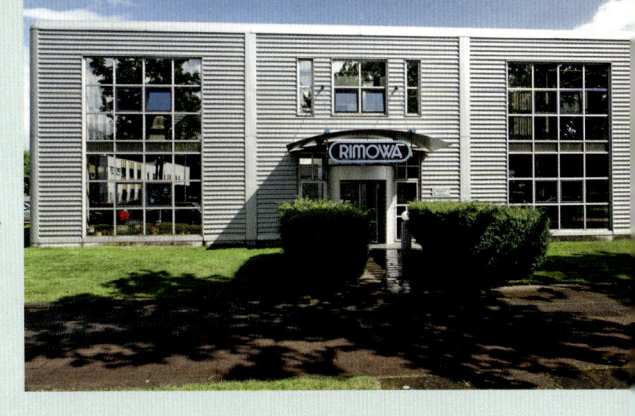

Als die ersten Materialproben auf Morszecks Tisch liegen, traktiert er den neuen Werkstoff mit dem Hammer. Auf ersten Prototypen springen Morszeck und seine Mitarbeiter wie die Kinder herum. Was den klassischen Alu-Koffer ramponiert hätte, macht dem Polycarbonat-Koffer nichts aus.

Corporate Design: Auch die Rimowa-Zentrale hat Rillen

Das Material springt immer wieder in seine ursprüngliche Form. Nur eins hat dieser Koffer nicht: die edle, technische Anmutung seines Vorgängers. Dennoch geht Morszeck das Risiko ein und setzt auf das neue Material.

Die Sache wird erfolgreicher, als er wohl selbst hoffen konnte. Zwar werden die Alu-Koffer weiter produziert, aber die **Polycarbonat-Serie lässt die Firma rasant wachsen.** In nur zehn Jahren verzehnfacht sich der Umsatz. Jetzt wird der Mittelständler aus Köln auch für die ganz Großen der Branche interessant: Anfang 2017 übernimmt der weltgrößte Hersteller von Luxusgütern, der französische LVMH-Konzern, für 640 Millionen Euro 80 Prozent der Anteile von Rimowa. Die Koffer aus Köln stehen jetzt in einer Reihe mit den anderen Luxusmarken des Konzerns: dem Champagner Moët, dem Cognac Hennessy, der Parfüm-Marke Dior sowie den Edeltaschen und -koffern von Louis Vuitton. Aber nur die Alu-Koffer aus Köln-Ossendorf werden mit jeder Beule schöner.

Reisen mit den Rillen

24
1951

Teekanne – mit dem Doppelkammer-Beutel auf den Weltmarkt

EIN LEBEN FÜR DEN TEEBEUTEL

Am 6. Oktober 1951 eröffnet in Köln die erste „Allgemeine Nahrungs- und Genussmittelausstellung – ANUGA" nach dem Krieg. Die Ernährungswirtschaft steht vor goldenen Zeiten: Drei Jahre vorher hat die Währungsreform ein neues Konsum-Zeitalter in Deutschland eingeläutet. Hunger und Entbehrung der Nachkriegsjahre sind vorbei. Es beginnt: die Fresswelle. Die Deutschen haben Nachholbedarf. Kalorien? Je mehr, desto besser. Teebeutel sind da eigentlich nicht im Zentrum des Interesses. Und doch: Am Messestand des Neu-Düsseldorfer Unternehmens „Teekanne" ist etwas los.

Da steht eine Maschine, die die Fachwelt elektrisiert: Etwas unförmig sieht sie aus. Oben ein großer Trichter, daneben eine Papierrolle, darunter jede Menge kleinteiliger Mechanik, Zahnräder – ein bisschen wie ein zu groß geratenes Uhrwerk. Der Name der Maschine klingt nach **Ingenieurspoesie: „Constanta".** In der Branche klingt er noch heute.

Mithilfe der Constanta landet Teekanne seine vielleicht **wichtigste Erfindung: den Doppelkammer-Teebeutel.** Den was? Den Doppel-Kammer-Tee-Beutel. Diese Maschine faltet Filterpapier zu einem kleinen Schlauch, füllt ihn mit einer kleinen Menge Tee, knickt ihn in der Mitte und tackert die beiden Enden mit einer Heftklammer zusammen. Und das 160 Mal in der Minute.

TEEKULTUR IN DEUTSCHLAND: VON DER „BOMBE" ZUM BEUTEL.

Der Clou an der neuen Technik: Durch die zwei Kammern wird der Tee in der Kanne oder Tasse von vier Seiten vom Wasser umspült. Für Nicht-Teetrinker mag das völlig egal sein. Die Fachleute auf der **ANUGA 1951** probieren den Tee und wissen: Das ist die Zukunft. Denn noch nie hat Tee aus einem Beutel seinen Geschmack so entfaltet wie in diesem Tütchen mit dem umständlichen Namen. Eine Frage der Zeit, bis viele Teebeutel weltweit genauso aussehen werden.

Teekanne wird nicht nur mit den Beuteln Geld verdienen, sondern auch mit der Teebeutel-Packmaschine Constanta. Nur ein Jahr nach der 1951er-ANUGA wird der Tee-Weltmarktführer Lipton in den USA gleich zwölf solcher Maschinen ordern. Fast 2000 von ihnen wird Teepack – ein

„Mr. Teebeutel" Adolf Rambold

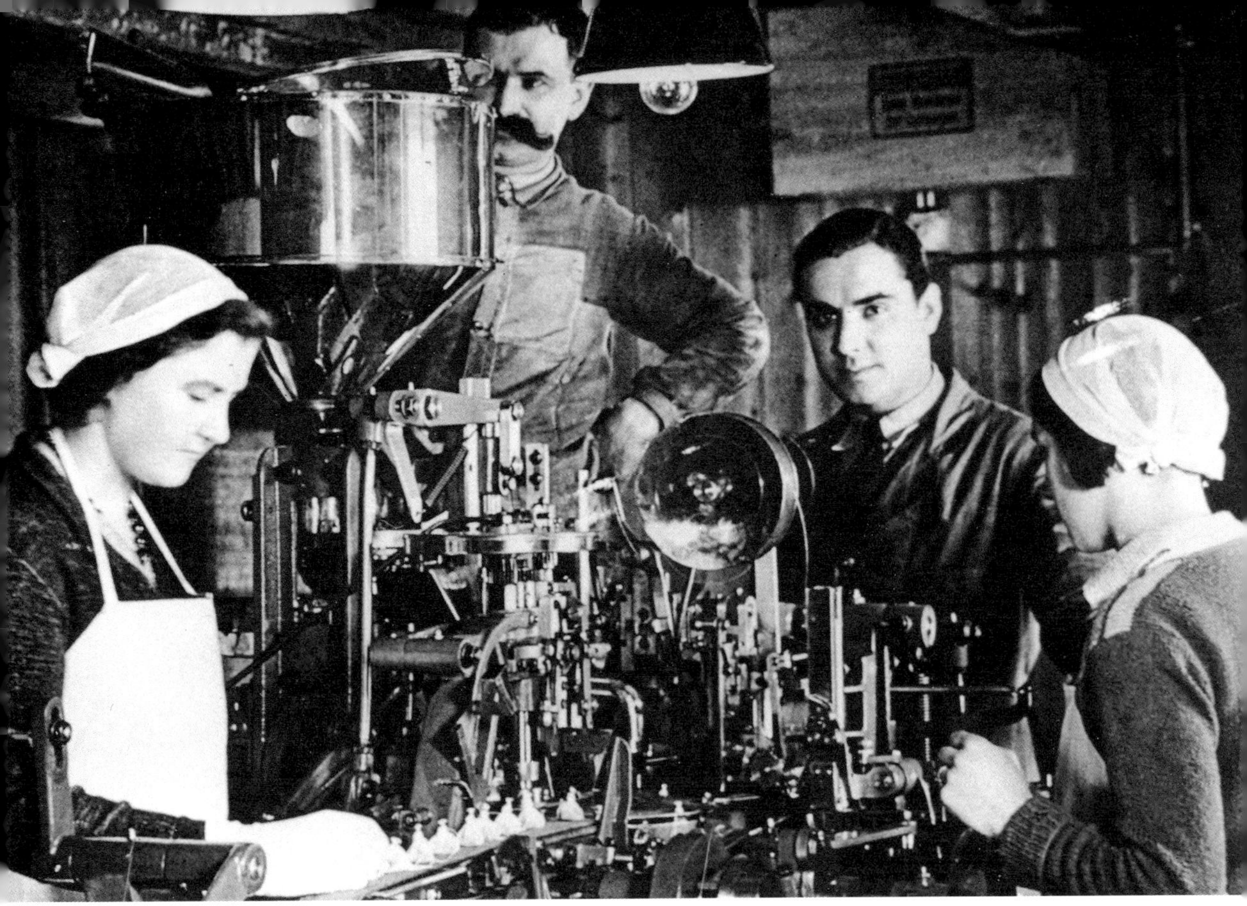

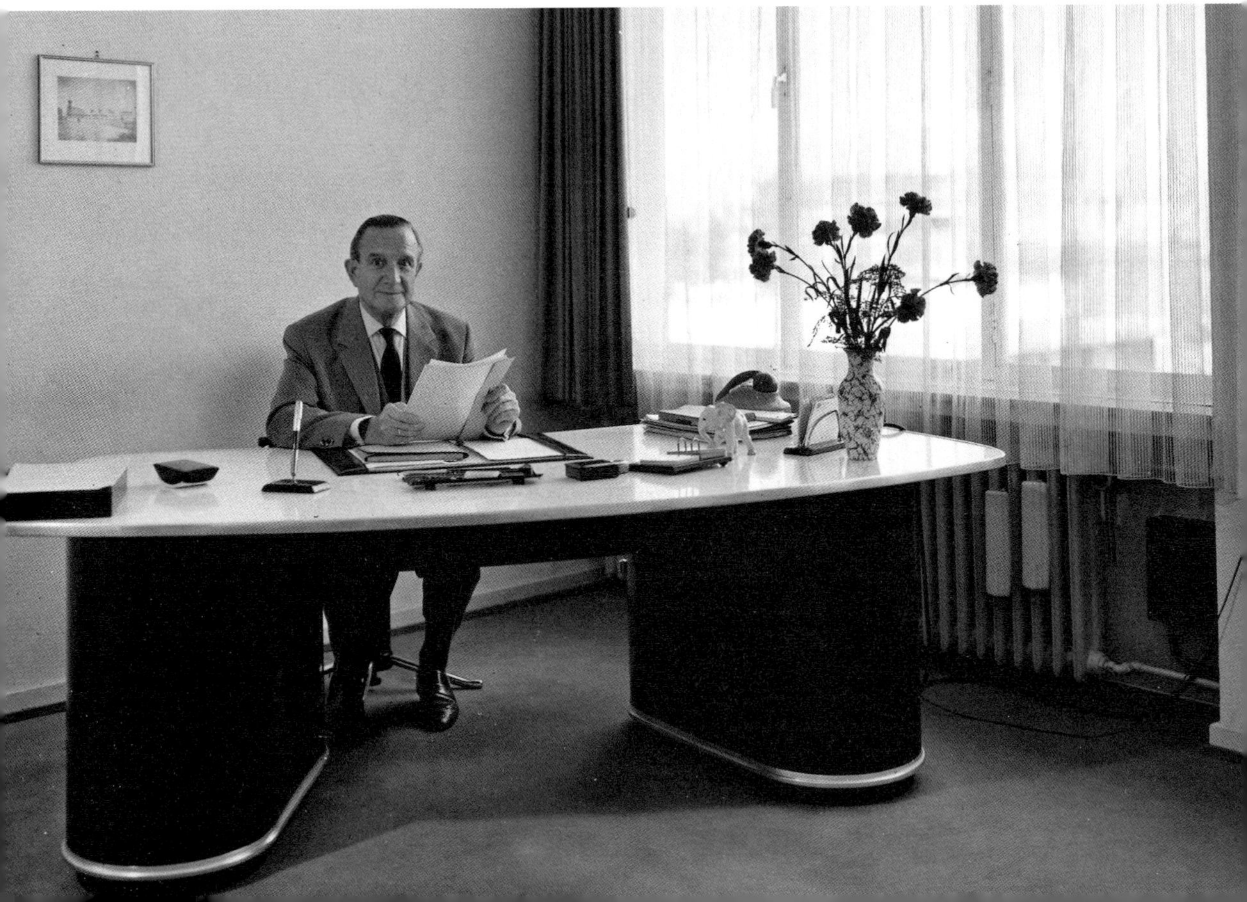

Die Pompadour-Maschine: Vorläufer der modernen Teebeutelmaschine

Tochterunternehmen, in dem Teekanne das Maschinengeschäft gebündelt hat – aus Düsseldorf in die Welt schicken. Erst 2005 wird das Erfolgsmodell durch eine Weiterentwicklung abgelöst.

WER HAT'S ERFUNDEN?

Die Constanta ist das Werk von **Adolf Rambold** (1900–1996), dem wahrscheinlich einzigen Menschen der Welt, der sein ganzes Berufsleben der Kunst gewidmet hat, Tee in kleine Beutel zu füllen.

Rambold ist der klassische Tüftler: ein Mechaniker durch und durch. Ein enger Mitarbeiter wird später dem Westdeutschen Rundfunk erzählen: „Der **Herr Rambold war wirklich ein ganz genialer Mensch. Er lebte zurückgezogen in seiner Welt für die Maschine.** Was um ihn herum vorging, das hat ihn gar nicht so sehr interessiert." Wirklich bekannt ist er nicht geworden, aber für das Goethe-Institut zählt er heute zu den bedeutendsten Erfindern Deutschlands.

„EIN GANZ GENIALER MENSCH."

Doch noch ist er nur ein gelernter Schlosser, als der **Tee-Großhändler R. Seelig & Hille** in Dresden – Markenzeichen: „Teekanne" – den jungen Mann 1924 einstellt. Die Besitzer des Unternehmens, Eugen Nissle und Rudolf Anders, haben schon länger diese Idee: Teezubereitung zu vereinfachen. Mit Portionspäckchen, die man nur mit kochendem Wasser übergießen muss – fertig. Sie versuchten es mit kleinen Beuteln aus Mull und nannten sie „Pompadour", weil sie aussahen wie die Rokoko-Handtäschchen der Madame Pompadour am Hofe Ludwigs des XV. 1913 ließen sie sich **„Pompadour"** und **„Teefix"** vorsichtshalber mal als Markennamen schützen, obwohl die ganze Sache alles andere als ausgereift war.

RUM-
TEE-BOMBE
Bomben und Granaten
TEE-
RUM-GRANATE
Mit echtem Jamaica Rum gefüllter Zuckerhut.
WIRKUNG:
ENERGIE DURCH TEE
KRAFT " ZUCKER
ERWÄRMUNG " RUM
Mrk 1.-
Tee

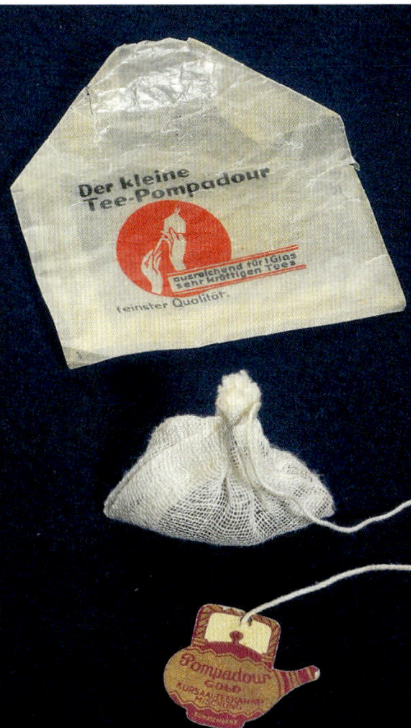
Der kleine Tee-Pompadour
ausreichend für 1 Glas sehr kräftigen Tees
feinster Qualität
Pompadour

TeeFix
W.Z.Nr. 175138 D.B.P.Nr. 839405 815929
TEE-AUFGUSSBEUTEL
für eine Familienkanne von ca. 5 Tassen guten Tee
INHALT 2½g TEE-SPITZEN
Ostfriesische Tee-Mischung
15
15 15
TeeFix

Doch ihre fixe Tee-Idee sollte schneller einen Großabnehmer finden, als sie ahnen konnten: Der Erste Weltkrieg brach aus und der Schützengraben war nun wirklich nicht der Ort für eine umständliche Tee-Zeremonie. Nissle und Anders verkauften ihre handgemachten Tee-Säckchen als Ein-Liter-Portion ans Militär. **Aus „Pompadour" wurde die „Tee-Bombe"**, Marschverpflegung für Soldaten.

Aber nach dem Krieg war erst mal Schluss damit. Die Mullbeutel brachten nicht den rechten Tee-Geschmack zustande und die Zeit war wohl auch noch nicht reif dafür. Noch war Tee kein Getränk, das man sich mal eben schnell zwischendurch aufbrühte. Noch setzte man sich zum Tee an den Tisch und holte das gute Tee-Service hervor. Für Teefix kein Bedarf. Aber das sollte sich bald ändern.

In den USA wurde Tee in den 1920er-Jahren in kleine Tüten aus Filterpapier abgefüllt. Und nun kommt unser Erfinder ins Spiel. Adolf Rambold wird für seine Arbeitgeber, die wenige Jahre später den Markennamen „Teekanne" auch zum Unternehmensnamen machen, die erste automatische Teebeutel-Packmaschine konstruieren. **1928** beginnt ein **neues Kapitel der Teebeutel-Geschichte mit der „Pompadour"-Maschine.** Aus der Tee-Bombe war wieder Pompadour geworden und die Maschine packte 35 Teesäckchen aus Mullstoff in der Minute. Und Adolf Rambold hatte seine Bestimmung gefunden. Für den Rest eines sehr langen Lebens.

1937 – Eugen Nissle und Rudolf Anders sind tot, ihre Söhne Johannes und Rolf haben die Firma übernommen – hat Rambold sein nächstes Werk fertig: Die „Reliance" packt 80 Beutel in der Minute, nicht mehr aus Mull, sondern erst aus perforiertem Zellophan, dann aus Pergament. Rambolds Konstruktionen helfen nicht nur, den Teeverkauf bei Teekanne anzukurbeln, sie werden zum eigenen Geschäftszweig, ausgegliedert in eine eigene Firma unter dem Dach der Teekanne. Die „Reliance" wird ein Exportschlager, während Rambold schon an der nächsten Maschine bastelt.

1946: TEEKANNE KOMMT INS RHEINLAND.

Der Zweite Weltkrieg kommt dazwischen. Das Firmengelände in Dresden wird zerstört. Die Besitzer 1946 von der sowjetischen Besatzungsmacht enteignet. Sie fangen im Westen neu an. Die alten Kontakte helfen: In Viersen am Niederrhein sitzt die Lebensmittelkette „Kaiser's Kaffee". Die hatte vor dem Krieg drei von Rambolds „Reliance"-Maschinen gekauft. Jetzt vermieten sie Nissle und Anders, den Söhnen der Firmengründer, ein kleines Büro, einen Lagerraum und vor allem: eine der drei Teebeutel-Maschinen. Teekanne produziert wieder. Erst mal Früchtetee, weil schwarzer Tee nicht zu bekommen ist, aber immerhin.

1949 gibt es dann auch wieder echten Tee. In Mengen. Jetzt ist es Zeit, die Pläne für Rambolds Doppelkammer-Maschine aus der Schublade zu holen. Der Konstrukteur ist längst wieder mit an Bord. Zwei Jahre später die Premiere auf der ANUGA. Und Teekanne findet seinen endgültigen Standort.

160 Teekanne – mit dem Doppelkammer-Beutel auf den Weltmarkt

Die Firma wächst – die Kanne bleibt

... UND HEUTE?

Im Düsseldorfer Stadtteil Heerdt entwickelt die Stadt 1953 ein neues Gewerbegebiet. Teekanne ist dabei. Und wächst. Neue Sorten, neue Produkte, neue Marken. Hier entsteht 1967 die größte Teebeutel-Packanlage der Welt. Und 1990 das Hochregallager mit dem auch heute noch weithin sichtbaren Markenzeichen. 2015 produziert das Unternehmen in sieben Ländern und beschäftigt rund 1500 Mitarbeiter.

Adolf Rambold, der stille Erfinder, stirbt am 14. Mai 1996 in Meerbusch bei Düsseldorf. Dort, wo auch heute noch die meisten Teebeutel-Maschinen in der Welt herkommen.

Ein Leben für den Teebeutel

25 — 1962

ALDI – Deutschland wird Discount-Land

GANZ EINFACH, GANZ BILLIG

Essen, 1962. Die Brüder Karl (1920–2014) und Theo Albrecht (1922–2010) tun gerade etwas, was ihnen in der Seele wehtun muss. Die beiden werden als sparsam bis zum Geiz beschrieben – und nun reißen sie in einigen ihrer Lebensmittelfilialen, die sie gerade aufwendig modernisiert haben, die ganze schöne neue Möblierung wieder raus. Kommando zurück.

Setzten sie gerade noch auf den neuesten Trend der Zeit: Selbstbedienungsmärkte mit Frischfleisch, Obst, Gemüse und Kühltheke, so machen sie jetzt eine Wende um 180 Grad. Ab jetzt gilt: alles so einfach wie möglich. Schlichte Regale, Holzpaletten auf dem Fußboden, Großhandelskartons lieblos aufgerissen und alles weg, was Kosten verursacht: Fleischtheke weg, Obst weg, Gemüse weg, Milch und Sahne und Butter – weg. 400 leicht zu lagernde Standard-Artikel. Mehr nicht, aber davon jede Menge. Ihr Ziel: billiger werden. Viel billiger. Billiger als alle Konkurrenten. Nicht mit schlechter Ware, sondern mit Läden, so spartanisch, dass sie so gut wie nichts kosten. **Aus den biederen „Albrecht"-Lebensmittelfilialen wird „ALDI" – Albrecht-Diskont. Albrecht, der Discounter.**

KARL ALBRECHT

Kann das gut gehen, mitten im Wirtschaftswunder? Gerade jetzt, wo die Deutschen endlich im Konsum schwelgen? Wo neue Möbel, die ersten Autos und viel Fleisch und Kuchen und Eierlikör die dunklen Kriegs- und Nachkriegsjahre vergessen machen sollen? Jetzt, wo man sich hier und da auch mal ein bisschen Luxus gönnt, sollen die Kunden ihre Lebensmittel aus Kartons rupfen? Ist das noch das Warenlager oder sind wir schon im Laden?

Die Rechnung geht trotzdem auf: Lief das noblere Supermarkt-Konzept eher mau, rennen die Leute den neuen Billigläden jetzt die Türe ein. Jeder will sparen. Dafür nimmt man den Rest in Kauf. Und es wird wahr, was Karl Albrecht schon 1953 vor Branchenvertretern gesagt hat: **„Was man erreichen muss, ist, dass der Kunde den Glauben gewinnt, nirgendwo billiger einkaufen zu können."**

Der erste ALDI-Discounter eröffnet 1962 in Dortmund. Danach geht es Schlag auf Schlag. **Karl und Theo Albrecht machen Deutschland zum Discount-Land.**

Der Ur-Aldi in Essen-Schonnebeck

Spirituosen **Karl Albrecht** Lebensmittel

1962: Aldi wird Discounter

WER HAT'S ERFUNDEN?

Die Albrechts jedenfalls nicht. Auch wenn das immer mal wieder gern so geschrieben wird. Discounter kamen Anfang der 1960er-Jahre gerade in Mode. Aber es waren einzelne Händler, die das Billigkonzept erprobten. **Mit den Albrecht-Brüdern aber sprang 1962 eine ganze Ladenkette auf den Discount-Zug.** Präziser gesagt: zwei Ladenketten. Denn die Brüder hatten ihr Geschäft kurz vorher, 1961, aufgeteilt: Sie hatten eine Grenze quer durch Deutschland gezogen. Nördlich dieser Grenze regierte **Theo Albrecht** mit **ALDI-Nord.** Südlich hatte **Karl Albrecht** mit **ALDI-Süd** das Sagen. Die unsichtbare Grenze, der „ALDI-Äquator", gilt bis heute.

DER „ALDI-ÄQUATOR" ENTSTEHT.

Gemeinsam hatten die Brüder klein angefangen. Ganz klein. Nach dem Krieg übernahmen sie das Lebensmittelgeschäft der Eltern im Essener Stadtteil Schonnebeck. Ein Tante-Emma-Laden mit Theke und Bedienung. Von Supermarkt oder gar Discount noch keine Spur. Aber mit der Währungsreform 1948 nahm ihr Geschäft Fahrt auf. Die Brüder setzen auf Wachstum. In rascher Folge eröffnen sie jetzt immer neue Filialen. 1955 gibt es schon 100 Albrecht-Geschäfte. Noch ist das Ganze eine regionale Angelegenheit: Alle Filialen sind in Nordrhein-Westfalen.

Die ALDI-Grundidee ist damals schon sichtbar: Allzu viel Auswahl gibt es in ihren Geschäften nicht. Werbung wird kaum gemacht. Ein paar Zeitungsanzeigen, das war's. Und: Die Filialen liegen nicht gerade in den besten Vierteln der Stadt. Das alles hat nur ein Ziel: **niedrige Kosten – niedrige Preise.** Damit können die Albrechts bei den Kunden punkten. Alles, was die Albrecht-Brüder für Verschwendung halten, wird vermieden: Aus Prinzip haben sie keine repräsentative Firmenzentrale, unterhalten keine großen Stabsabteilungen für Marketing oder gar Pressearbeit. Etwas anderes als die niedrigen Preise braucht die Öffentlichkeit nicht zu erfahren.

Ende der 1950er-Jahre aber verändert sich die Branche dramatisch: Aus Amerika kommt ein völlig neues Konzept: der Supermarkt. Ein – für Tante-Emma-Verhältnisse – riesiges Lebensmittelgeschäft, in dem man sich als Kunde selbst mit einem Einkaufswagen seine Sachen zusammensucht. Die Kultur des Einkaufens wird revolutioniert: Ging man vorher vom Bäcker zum Metzger zum Obst- und Gemüsehändler und schließlich noch in Albrechts Lebensmittelladen, ließ sich dort alles abwiegen und verpacken, so braucht man jetzt nur noch einen Laden, in dem man sich selbst bedienen kann oder auch: muss. Nie zuvor konnten die Deutschen auf ein derart vielfältiges Lebensmittelangebot an einem Ort zugreifen.

Für Karl und Theo Albrecht waren das keine guten Nachrichten. Ihre kleinen Filialen in mäßiger Lage mit dem bescheidenen Warenangebot wirkten plötzlich alt. Es blieb ihnen wohl kaum etwas anderes übrig, als nun auch auf Supermärkte zu setzen. Doch das Ganze wirkt bei den Albrechts irgendwie unentschlossen: Die Läden werden etwas größer, das Angebot etwas vielfältiger – doch mit dem, was manche neuen Supermärkte bieten, können oder wollen sie nicht mithalten.

KURSWECHSEL BEI DEN ALDI-BRÜDERN.

Irgendwann 1961 reißen die Brüder das Steuer herum. Teilen ihr Unternehmen auf und besinnen sich auf das, was sie großgemacht hat: Einfachheit. In der Albrecht-Biografie von Martin Kuhna schildert ein ALDI-Bezirksleiter, was damals passierte: „Wir haben die komplette Einrichtung ausgeräumt und durch einfache Holzregale ersetzt. Dazu zwei Kassentische. Über der Ware das Preisschild." **Das Sortiment schrumpft, die Preise auch.**

Und noch etwas macht Aldi jetzt zum Preisbrecher: Es gab damals – heute fast vergessen – für viele Markenartikel eine **Preisbindung,** sie wurde erst **1974 abgeschafft.** Hersteller konnten bestimmen, zu welchem Preis ihr Produkt verkauft wurde. So blieben viele Lebensmittel teuer, Supermarkt hin oder her. Die Albrecht-Brüder aber wollten billiger sein. Sie umgingen die teuren Marken und verkauften **alternative Produkte.** Die kamen manchmal sogar vom gleichen Hersteller wie die teuren Markenprodukte. Damit war das **Discount-Prinzip** komplett. Und die Albrecht-Brüder trieben von da an die gesamte Lebensmittel-Branche in Deutschland vor sich her.

Ganz einfach, ganz billig

Noch ist das Aldi-Land geteilt. Vielleicht nicht für immer

... UND HEUTE?

Heutzutage ist ALDI selbst eine der bekanntesten deutschen Marken. Es ist immer noch billig, bei ALDI einzukaufen, aber das etwas schmuddelige Billigheimer-Image ist weg: Irgendwann fanden es auch Leute, die sich Besseres leisten konnten, schick, den ALDI-Sekt zu trinken, den ALDI-Lachs auf den ALDI-Toast zu legen.

Längst gibt es in den Filialen auch Obst, Gemüse, Molkereiprodukte, Fleisch, Tiefkühlkost. Und längst gibt es andere Discount-Ketten, die das ALDI-Prinzip erfolgreich kopiert haben. Inklusive der Schattenseiten, die das Billigkonzept bis heute hat: knallharter Preisdruck auf die Hersteller und Arbeitsbedingungen für die Mitarbeiter, die immer wieder für Kritik sorgen. Auf diese Kritik reagierte das traditionell so verschwiegene Unternehmen schließlich sogar öffentlich: Heute kann man zum Beispiel auf der Website von ALDI Süd Sozialstandards und Verhaltensregeln des Unternehmens nachlesen.

Auch sonst hat sich ALDI in den letzten Jahren verändert: Die Läden und das Logo haben ein neues Design bekommen, alles wirkt jetzt etwas edler, weniger discountmäßig. Und selbst der ALDI-Äquator scheint nicht mehr in Stein gemeißelt: 2018 kündigten ALDI Nord und ALDI Süd eine verstärkte Zusammenarbeit an. Vielleicht ein erster Schritt auf dem Weg zur ALDI-Wiedervereinigung. Nur über Umsatz oder Marktanteile schweigen sich die Unternehmen, die heute **weltweit rund 10.000 Filialen** betreiben, weiter beharrlich aus.

So viel steht fest: Theo und Karl Albrecht hat ALDI reich gemacht. Als Theo 2010 und Karl 2014 starben, gehörten sie zu den reichsten Menschen der Welt. Und dennoch hielten sie ihr Leben vor der Öffentlichkeit fast vollständig verborgen. Keine Interviews, keine Fotos, keine Affären, kein Jetset-Leben. Jeder von ihnen gönnte sich ein Haus in bester Lage in ihrer Heimat Essen. Und Golfspieler sollen sie gewesen sein. Viel mehr ist nicht bekannt und vielleicht gab es auch nicht viel mehr. **Milliardäre, die das Prinzip „Einfachheit" gelebt haben. Nicht nur in ihren Läden.** Den allerersten, in der Huestraße 89 in Essen-Schonnebeck, gibt es übrigens heute noch.

26
1968

Heinz Nixdorf – der erste Kleincomputer fürs Büro

DER COMPUTER-PIONIER AUS PADERBORN

Mitte der **1960er-Jahre** herrscht Aufbruchstimmung in den Unternehmen. Die **neue elektronische Datenverarbeitung** eröffnet ganz neue Möglichkeiten. Wo bisher Akten und Karteikarten mühsam ausgefüllt und verwaltet werden mussten, beginnen jetzt Rechenmaschinen die Arbeit an großen Datensätzen zu übernehmen. Schneller und präziser. Der Computer verrechnet sich nicht und er vergisst nicht.

Allerdings sind die Ungetüme von IBM und anderen auf Großunternehmen und riesige Datenmengen ausgerichtet. Mittelständler oder kleinere Büros können damit nichts anfangen – und leisten können sie sich die millionenteuren Rechenanlagen erst recht nicht. In diesen Unternehmen steht nach wie vor höchstens eine Schreibmaschine und der Buchhalter tippt seine Zahlenkolonnen in mechanische Tischrechner und Buchungsmaschinen. Aber da tut sich was.

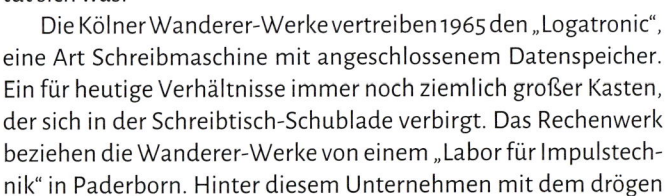

HEINZ NIXDORF

Die Kölner Wanderer-Werke vertreiben 1965 den „Logatronic", eine Art Schreibmaschine mit angeschlossenem Datenspeicher. Ein für heutige Verhältnisse immer noch ziemlich großer Kasten, der sich in der Schreibtisch-Schublade verbirgt. Das Rechenwerk beziehen die Wanderer-Werke von einem „Labor für Impulstechnik" in Paderborn. Hinter diesem Unternehmen mit dem drögen Namen steht der Mann, der noch Jahrzehnte später wie kein anderer für Computer made in Germany stehen wird: **Heinz Nixdorf** (1925–1986).

Nixdorf hat die **Marktlücke** erkannt: **dezentrale Datentechnik für kleine Unternehmen.** Er entwickelt die Logatronic-Komponenten konsequent weiter. **1968** nimmt er die ganze Sache selbst in die Hand. Er kauft die Wanderer-Werke auf und präsentiert der Computerwelt den **„Nixdorf Universalcomputer 820".** Der erste frei programmierbare elektronische Kleinrechner mit Drucker und Speicher fürs Büro.

Für den Drucker lässt er einen Schreibmaschinen-Kugelkopf von IBM umbauen, dazu gibt es eine Tastatur für die Dateneingabe. Ein Datenspeicher steuert das Gerät, auf einen zweiten Speicher kann das jeweilige Anwender-Programm geladen werden. Lohnbuchhaltung oder Rechnungen – das tippt man jetzt in den Computer.

1972: Heinz Nixdorfs Unternehmen nimmt Fahrt auf

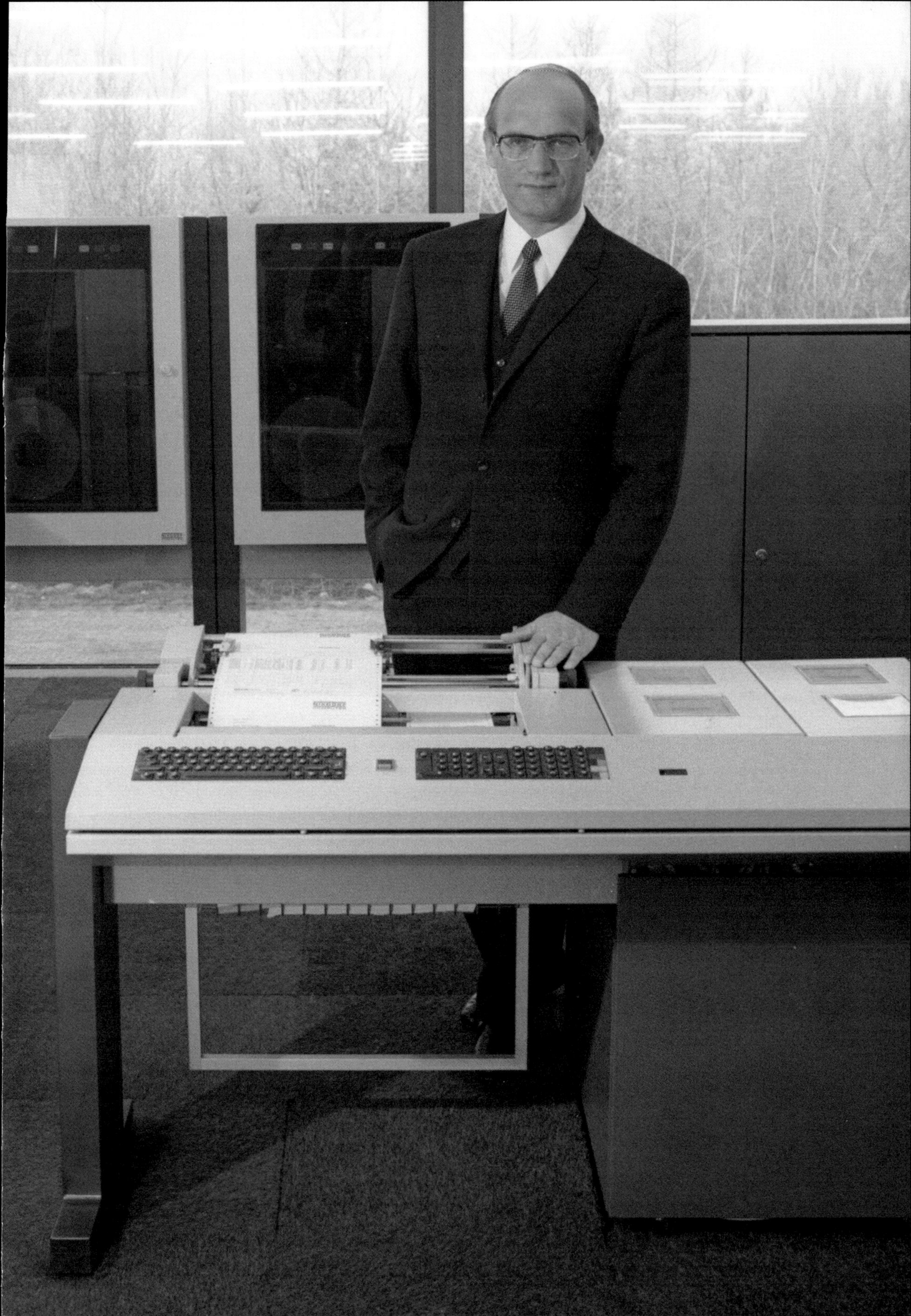

Das Modell "820" macht die Firma groß

Das Modell 820 ist der Durchbruch. Aus dem „Labor für Impulstechnik" ist die **„Nixdorf Computer AG"** geworden. Sie wird zum viertgrößten Computer-Hersteller Europas aufsteigen und das beschauliche Paderborn zu einem Hightech-Zentrum machen.

WER HAT'S ERFUNDEN?

Heinz Nixdorf ist ein **Techniker** und vor allem: ein **Unternehmer.** Ein Erfinder ist er nicht. Aber er hat die richtigen Leute dafür. Er erkennt, wo sein Markt liegt. Er weiß, was er diesem Markt verkaufen kann. Und mit genau dieser Eigenschaft beginnt seine Karriere.

> **30.000 D-MARK UND EIN KLEINER RAUM.**

Noch als Student arbeitet Nixdorf für den amerikanischen Büromaschinenhersteller Remington an einem einfachen elektronischen Rechner. Ein Gerät, das mit Rundfunkröhren arbeiten sollte. Als Remington die Sache nicht weiterverfolgt, verkauft Nixdorf die Idee 1952 an den Essener Energiekonzern RWE. Der gibt ihm einen kleinen Arbeitsraum und 30.000 D-Mark. Nixdorf gründet sein **Start-up-Unternehmen, das „Labor für Impulstechnik",** und kann schließlich liefern: Der Rechner funktioniert und Nixdorf wird zum Zulieferer – auch für andere. Sein Labor wächst und er zieht um – in seine Heimat, Paderborn.

Immer neue Elektrorechner lassen sich Nixdorfs Mitarbeiter jetzt einfallen. Und irgendwann dann eben auch jenes Gerät, das als Modell 820 den Markt erobern sollte – und mehr als 40.000 Mal verkauft wird. Nixdorf findet nicht genügend Fachpersonal, gründet seine eigene Berufsschule, das Heinz-Nixdorf-Berufskolleg. Der Computermarkt wächst – scheinbar ohne Grenzen.

Und Nixdorf wächst mit. Auf dem Höhepunkt 1985, Nixdorf ist längst ein internationales Unternehmen geworden, beschäftigt er rund 23.000 Mitarbeiter, 11.000 davon allein in Paderborn. Der Umsatz: fast 4 Milliarden Mark.

Am 17. März 1986 endet die Nixdorf-Story völlig unerwartet: Die Industriemesse in Hannover hat zum ersten Mal eine eigene Computermesse, die CeBIT. Natürlich ist Nixdorf dabei. Auf einer Feier mit Geschäftsfreunden erleidet Heinz Nixdorf einen Herzinfarkt und stirbt. Vier Jahre später ist auch seine Firma am Ende.

Weltweit sinken in der Computerindustrie die Gewinne, die Preise verfallen. Das macht auch Nixdorf zu schaffen. Personal Computer erobern jetzt auch das Büro. Nixdorfs Paradedisziplin, der Computer speziell für mittelständische Unternehmen, ist nicht mehr so gefragt. **1990 übernimmt die Siemens AG das Unternehmen.** In Paderborn gehen viele Arbeitsplätze verloren. Aus der Nixdorf AG wird die Siemens-Nixdorf Informationssysteme AG.

Heute kaum denkbar: Computer, made in Germany

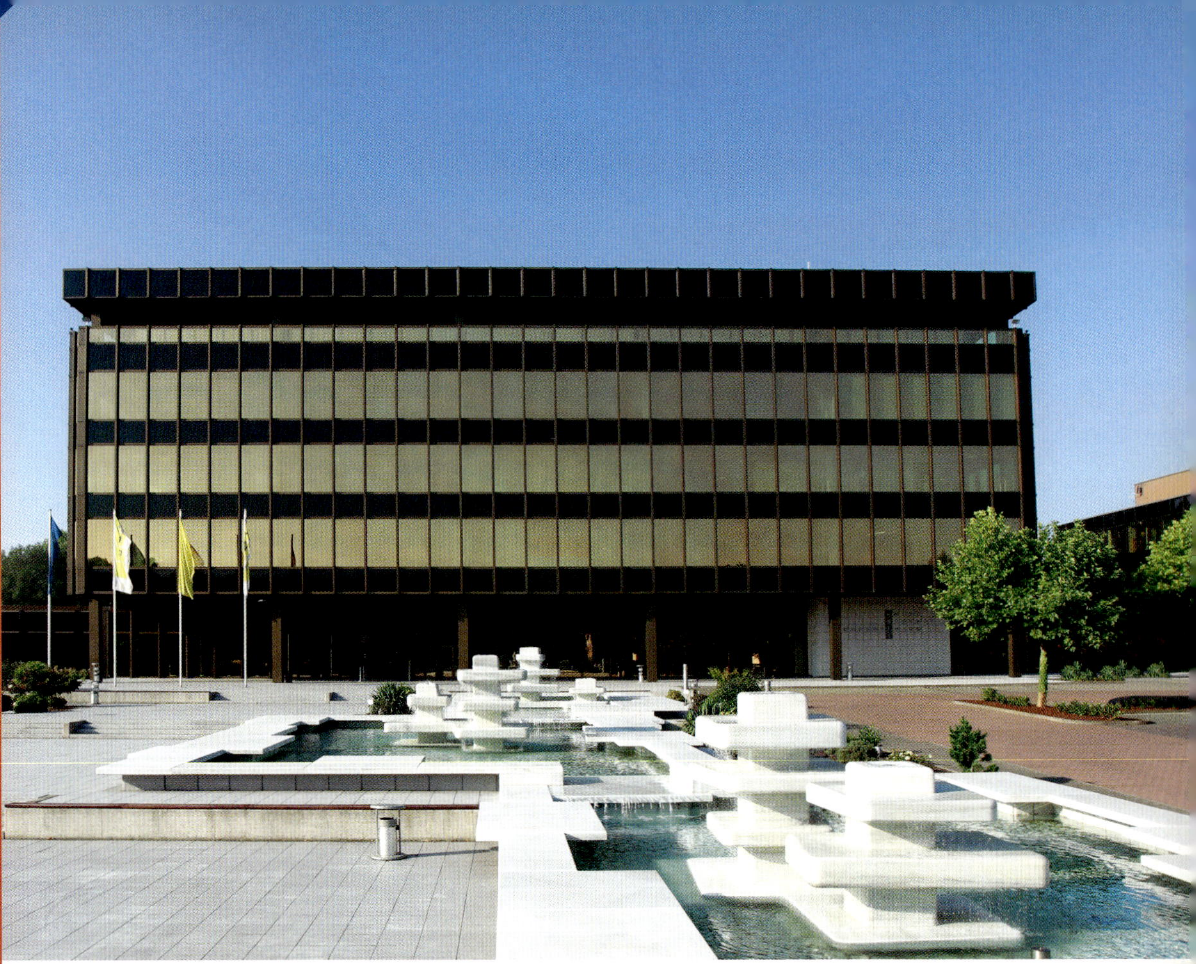

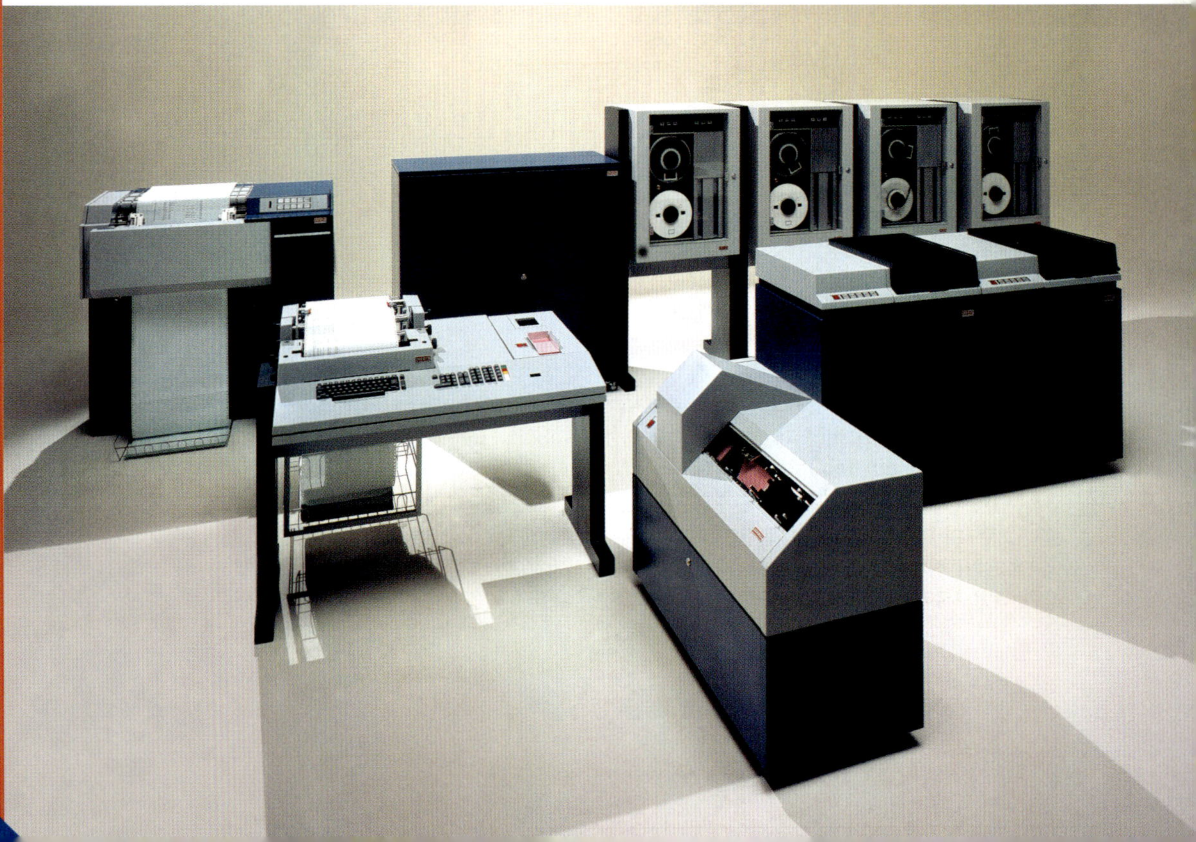

... UND HEUTE?

1998 geht die Gesellschaft ganz im Siemens-Konzern auf, Nixdorf-Computer sind Geschichte. Aber selbst jetzt bleibt etwas: **Unter dem Namen „Diebold Nixdorf" werden bis heute in Paderborn Geldautomaten und Kassensysteme gebaut.**

Und die Stadt hat sich verändert. Viele kleine Technologie-Unternehmen haben sich in der Nixdorf-Zeit hier angesiedelt. Aus der Provinzstadt ist ein lebendiger Wirtschaftsstandort geworden. Ein Ort mit Autobahnanschluss, eigenem Flughafen und eigener Universität. Schwerpunkt – logisch: Informatik. Und in der einstigen Nixdorf-Firmenzentrale an der Fürstenallee ist heute das Heinz-Nixdorf-MuseumsForum. Das größte Computer-Museum der Welt.

27
1977

Stereobelt – ein Aachener macht die Musik mobil

SOUNDTRACK ZUM LEBEN

Am 23. Oktober 2001 zieht der Apple-Boss Steve Jobs in einer seiner legendären Produkt-Präsentationen ein kleines weißes Kästchen aus der Tasche. In diesem Kästchen kann man 1000 Songs auf einer Festplatte speichern, abspielen und sich per Kopfhörer anhören. Der iPod wird die Musikindustrie ebenso verändern wie unsere Art, Musik zu hören. Aber die Idee, Musik auch draußen verfügbar zu machen, die eigenen Lieblingssongs in der U-Bahn, auf der Straße oder beim Joggen im Wald hören zu können, diese Idee ist viel älter.

Sie kommt von einem jungen Mann in São Paulo, Brasilien. **Andreas Pavel** wird 1945 in **Aachen** als Sohn des Aachener Industriellen Herbert Pavel und der brasilianischen Künstlerin Ninca Bordano geboren. Als er sechs Jahre alt ist, wandert die Familie nach Brasilien aus. Der Vater wird Manager in einem brasilianischen Industriekonzern. Andreas Pavel wächst dort auf, geht in den 1960ern nach Berlin, um dort Philosophie und Soziologie zu studieren. Der junge Mann ist ein kunstsinniger Intellektueller geworden, **ein Kosmopolit, dem vor allem die Musik sehr viel bedeutet.**

Nach dem Studium kehrt Pavel nach São Paulo zurück, leitet die Bildungsprogramme beim Fernsehsender „TV Cultura". Er lebt im Haus seiner Mutter, wo die Intellektuellen und Künstler der Stadt ein und aus gehen. Man hört viel Musik, es gibt eine hervorragende Hi-Fi-Anlage – in einem Kellerraum mit ausgezeichneter Akustik. Andreas Pavel liebt Jazz und Rock, Pop und Klassik. Und er träumt davon, diese Musik auch anderswo als nur zu Hause zu hören. Einfach einen Kopfhörer aufsetzen und den Bildern um einen herum einen anderen Soundtrack geben.

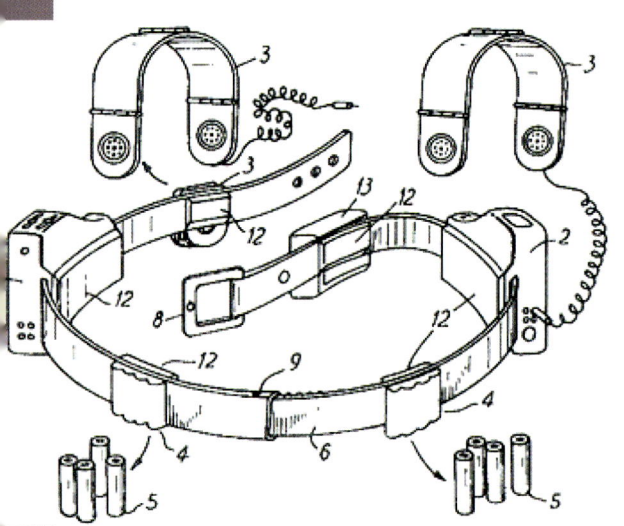

EINE STEREO-ANLAGE AM GÜRTEL.

Der erste Sony-Walkman – heute ein Museumsstück

174

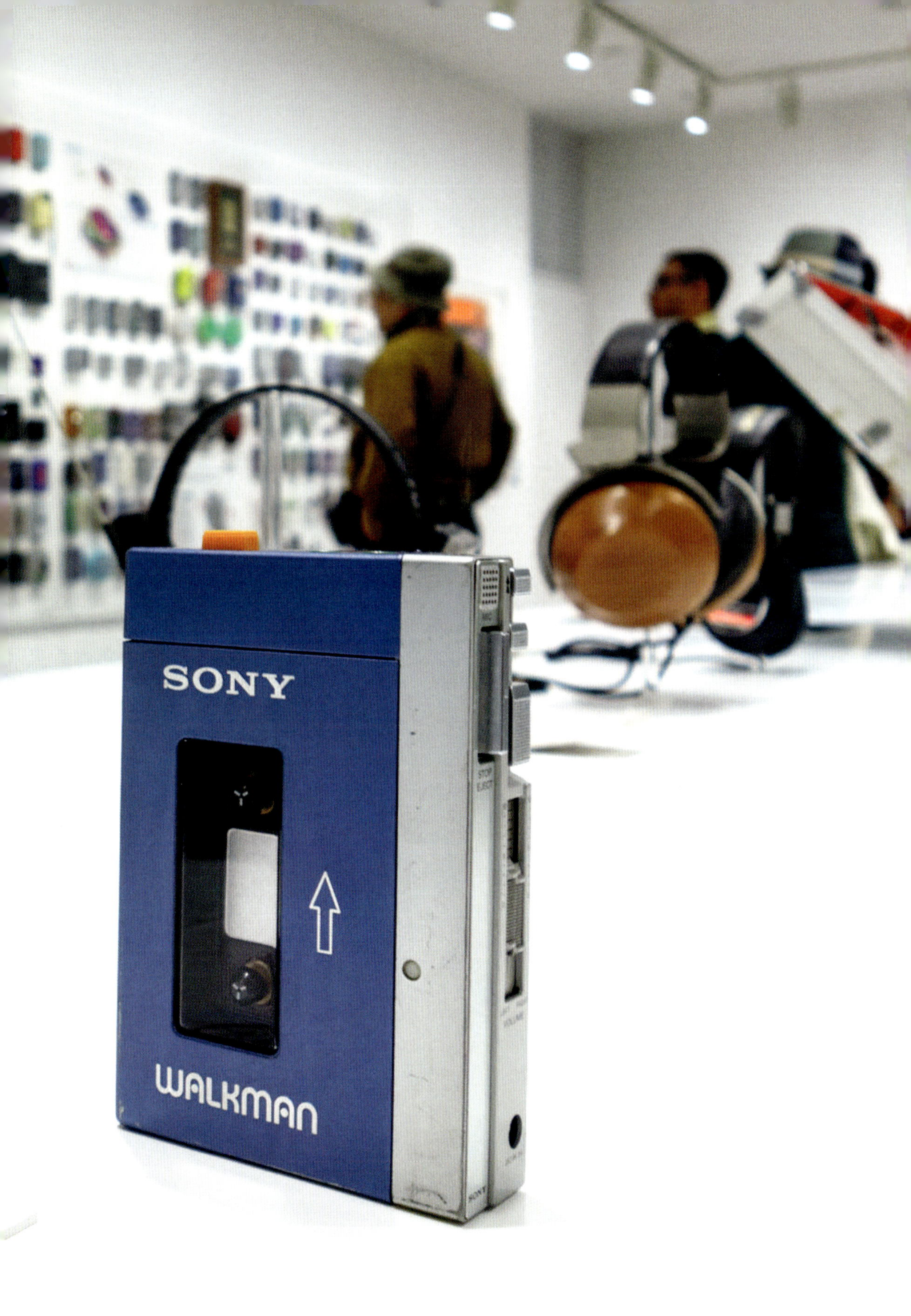
SONY
WALKMAN

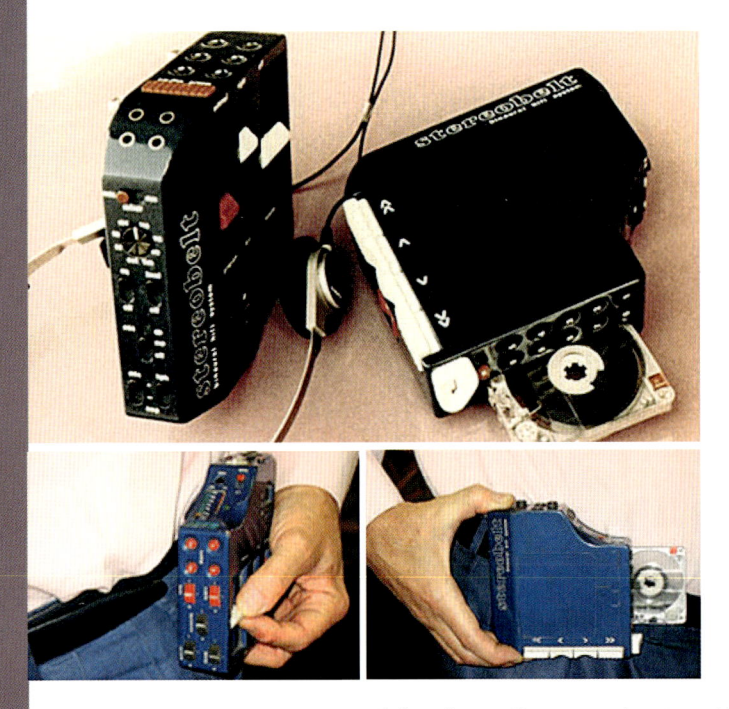

Stereobelt und Ur-Walkman: Was hat Sony sich abgeguckt?

So etwas aber gibt es nicht. Es gibt transportable Radios, es gibt Kassettenrekorder. Aber niemand käme auf die Idee, die sperrigen Geräte auf dem Weg zur Arbeit oder gar beim Joggen mitzunehmen. Pavel fängt an, das Gerät, von dem er träumt, selbst zu entwerfen. Die Basis ist ein kleines Abspielgerät für Kompactkassetten – Magnetbänder sind in den 1970ern die einzigen bespielbaren Tonträger für den Massenmarkt.

Pavel hängt es an einen Gürtel. Dazu einen kleinen Verstärker, Batterie-Pakete für die Stromversorgung. Die kleine **Stereo-Anlage zum Anschnallen.** Der Name passt: **Stereobelt.** So kann sich Pavel seine Musik um den Leib binden und überall per Kopfhörer anhören. Das ist heute so selbstverständlich. Damals war die Idee, das Leben mit Musik zu untermalen wie einen Kinofilm, unerhört.

1972 hat Pavel den ersten funktionsfähigen Prototyp fertig. Auf einer Bergwanderung in den Alpen erlebt er zum ersten Mal die Faszination von Musik, die nicht mehr an einen bestimmten Raum gebunden ist. Das war es, was er wollte. Erst Jahre später kommt ihm die Idee, das Ganze auch zu vermarkten: 1976 klappert er auf der Hi-Fi-Messe in Düsseldorf die Stände der damals etablierten Hersteller von Stereo-Anlagen ab. Kaum jemand nimmt ihn ernst: Wer sollte etwas so Absurdes tun: Sich irgendwo auf der Straße einen Kopfhörer aufsetzen und Musik hören? Dennoch: **Pavel meldete seinen „Stereobelt" 1977 in einigen Ländern zum Patent an.** In **Deutschland** bekommt er gleich **zwei Patente**, eines davon **für „batteriebetriebene elektroakustische miniaturisierte Anordnung für die hochwertige stereophone Wiedergabe von Hörereignissen".** Noch immer winken die etablierten Hersteller ab.

Nicht einmal zwei Jahre später wird „Kopfhörer aufsetzen und draußen Musik hören" plötzlich das Coolste, was es gibt: Der japanische Elektronikkonzern **Sony** kommt mit einem Gerät auf den Markt, das zum Erfolgreichsten werden wird, das Sony je gebaut hat: der **„Walkman".** Er wird in 30 Jahren mehr als 200 Millionen Mal verkauft.

Der **Ur-Walkman hat mit Pavels Stereobelt verblüffende Ähnlichkeit:** ein kleines Abspielgerät für Kompaktkassetten, angeschlossen an einen kleinen Kopfhörer. Selbst der zweite Kopfhöreranschluss und ein „Talkline" genannter Knopf, mit dem man die Musik leiser und die Außengeräusche lauter stellen kann, sind dabei – genau wie in Pavels Patentskizzen gezeichnet.

Nur: Offiziell hat der Sony-Walkman mit Andreas Pavel gar nichts mehr zu tun.

WER HAT'S ERFUNDEN?

Um die Antwort auf diese Frage werden Andreas Pavel und der **Sony-Boss Akio Morita** fast ein Vierteljahrhundert lang streiten. Erst als Pavel pleite und Morita tot ist, gibt es in diesem Kampf ein Ende. Einen Sieger gibt es nicht.

Dabei begann alles ganz friedlich: 1980, kurz nachdem Sony mit dem Walkman auf den Markt gekommen war, schreibt Pavel an den mächtigen Sony-Boss Morita einen freundlichen Brief. Er weist auf seine Patentrechte hin, erwartet, dass Sony ihm Lizenzgebühren zahlt. Doch der deutsche Feingeist hat es mit knallharten Geschäftsleuten zu tun. Sony bestreitet jeden Zusammenhang zwischen dem Walkman und Pavels Erfindung.

Es ging wohl um mehr als nur um Geld. **Morita bezeichnet sich selbst als den Erfinder des Walkmans.** In seiner Autobiografie wird er später schreiben, er habe das Gerät für seine Kinder erfunden. Hätte er zugegeben, dass wohl doch ein anderer der Vater des Walkmans war, hätte er sein Gesicht verloren. Etwas, das es in der Kultur Japans unter allen Umständen zu vermeiden gilt.

SONY-BOSS AKIO MORITA.

Und doch scheint man bei Sony damals ein wenig nervös geworden zu sein: Man entfernt bei der nächsten Gerätegeneration mit dem zweiten

Soundtrack zum Leben **177**

Kopfhöreranschluss und der Talkline-Funktion zwei Features, die allzu offensichtlich auf Pavels Erfindung hinweisen. Für die ersten Geräte, die diese Funktionen noch hatten, bietet man Pavel eine Lizenzzahlung an. 150.000 D-Mark. Gemessen daran, was Sony am Walkman verdient und noch verdienen wird, ein Witz. Pavel will mehr, er geht jetzt aufs Ganze: Mit einem Patentanwalt verklagt er den Konzern in Großbritannien, wo er auch ein Patent auf den „Stereobelt" hält. Es wird ein **Kampf David gegen Goliath.** Sony beauftragt die damals größte Anwaltskanzlei der Welt, Baker & McKenzie. Der Konzern lässt eine Armada von 18 Patentanwälten aufmarschieren.

Von der Version, der Firmenboss selbst habe den Walkman erfunden, rückt der Konzern bald ab, präsentiert stattdessen einen bis dahin unbedeutenden Angestellten, der unter Eid erklärt: Er habe die Erfindung gemacht und Pavels Konstruktion und seine Patentunterlagen nie vorher gesehen. Die Patentschrift ist öffentlich. Ob Sony sie damals gesehen oder gar kopiert hat, lässt sich nicht mehr beweisen. Schließlich behauptet Sony, der Walkman, den das Unternehmen bei seiner Einführung noch als revolutionäre Erfindung beworben hatte, sei überhaupt keine Erfindung im eigentlichen Sinne. Die Entwicklung in der Unterhaltungselektronik sei quasi zwangsläufig auf so ein portables Gerät hinausgelaufen.

1993 entscheidet ein Gericht in London, Sony habe zwar Patentrechte verletzt, aber der Walkman sei eben keine Erfindung, sondern nur eine Weiterentwicklung. Pavel verliert sein britisches Patent. 1996 bestätigt ein Berufungsgericht das Urteil. Pavel droht Sony weitere Prozesse in anderen Ländern an. Aber er muss nun für die Gerichtskosten zahlen. Gut 3 Millionen Euro hat ihn der zermürbende Streit gekostet. Sony lässt seine Konten sperren. Pavel ist ruiniert.

PAVEL VERLIERT ALLES.

Doch das Schicksal kommt ihm zu Hilfe: Am 3. Oktober 1999 stirbt sein großer Gegenspieler Akio Morita nach einem Schlaganfall in Tokio. Sein Nachfolger Norio Ohga hat – wie Pavel – in Berlin studiert. Er liebt – wie Pavel – die Musik und er mag die Deutschen. Ohga beendet die harte Linie im Walkman-Patentstreit. **In geheimen Verhandlungen wird 2003 ein außergerichtlicher Vergleich abgeschlossen.** Pavel verzichtet auf jede weitere Klage und erhält eine Geldsumme, die er nicht öffentlich nennen darf. Einzelne Presseberichte sprechen von einer achtstelligen Summe. Die *New York Times* spricht vom Ende eines „epic struggle". Es ist das letzte Mal, dass sich eine breite Öffentlichkeit für den Erfinder des „Stereobelt" interessiert.

Andreas Pavel machte Musik tragbar

… UND HEUTE?

Für Andreas Pavel muss es eine große Erleichterung gewesen sein. Er wird sich nie mehr öffentlich zum Patentstreit äußern und sich den Dingen zuwenden, die er als sein wirkliches Lebensthema ansieht: die Kultur und darin besonders die Musik. Er fördert Musikerkarrieren, lässt sich zwischenzeitlich in Mailand als Kulturmanager nieder.

Der Walkman aber wird zur Ikone der Popkultur und wie wohl kein anderes Produkt mit dem Namen „Sony" verbunden bleiben. Erst als CD-Player und später MP3-Player das Kassettengerät ablösen, wird auch der Walkman Geschichte. Am 24. Oktober 2010 stellt Sony die Produktion ein.

1989 hatte Andreas Pavel übrigens in den USA noch ein Patent eingereicht. Mehr so eine Idee als eine tatsächliche Konstruktion. Ein Musik-Player und ein Telefon in einem Gerät. 2007 wird Steve Jobs das erste iPhone vorstellen.

28
1968

Thermomix® – das Multitasking-Küchenwunder

WUPPERTALER TRADITIONSUNTERNEHMEN BRINGT HIGHTECH IN DIE KÜCHE

UNTERNEHMENSGRÜNDER CARL VORWERK.

Die einen lieben ihn – die anderen verachten ihn. Dazwischen gibt es wenig. Es kommt einfach darauf an, ob man Kochen als etwas eher Sinnliches mit Holzschneidebrett auf dem Küchentisch, Knoblauchduft an den Fingern und brutzelndem Bratfett in der Pfanne versteht oder als eine logische Abfolge von Zubereitungsschritten, die man im digitalen Zeitalter auch einer Maschine übertragen kann.

Wer sich auf die Technik einlässt, erlebt eine völlig neue Art zu kochen: ein Küchengerät, das sich Rezepte aus dem Internet herunterlädt, die nötigen Zutaten als Einkaufsliste aufs Handy schickt und schließlich über einen kleinen Bildschirm Schritt-für-Schritt-Kochanweisungen gibt. Das Gerät gibt alles vor, der Mensch ist sein Gehilfe. In der Sprache der Werber heißt das: „guided cooking". Für passionierte Nicht-Köche ein unschätzbarer Vorteil.

Technisch ist der **Thermomix®** ein **Universal-Küchengerät mit ziemlich potentem Rühr-, Mix- und Schnitzelwerk,** mit eingebauter Waage, mit Koch- und Dampfgarfunktion und eben mit einem Prozessor, der den ganzen Kochvorgang und die Anweisungen an die menschliche Hilfskraft steuert.

Von außen sieht die **neueste Generation der Küchenrevolution** ganz aufgeräumt aus: ein abgeschrägtes Gehäuse mit Aufnahme für den beheizbaren Topf, ein Drehrad, vier Symbole auf einem Display, ein Touchscreen. Es hat etwas vom Apple-Design, dieses Gerät in Weiß und Silber. Nur die zwei grünen Leuchtflächen auf der Vorderseite, die würde es bei Apple nicht geben. Das ist die Firmenfarbe von Vorwerk.

Küchenmaschine mit WLAN-Anschluss: der neueste Thermomix®

thermomix

VORWERK

WER HAT'S ERFUNDEN?

Den **Hightech-Hype in der Küche** hat ausgerechnet das Wuppertaler Traditionsunternehmen mit dem etwas biederen Staubsaugervertreter-Image losgetreten. Der Thermomix® ist nach dem Kobold-Staubsauger der wohl größte Coup in der 135-jährigen Geschichte dieses Familienunternehmens.

Carl und Adolf Vorwerk hätten sich diese Wundermaschine nicht einmal vorstellen können. Die beiden Brüder gründeten 1883 im heutigen Wuppertaler Stadtteil Barmen die „Barmer Teppichfabrik Vorwerk & Co.". Teppiche und Stoffe für Möbel, das war ihr Geschäft. Das mit den beiden Brüdern ging allerdings nicht lange gut: Noch im Gründungsjahr schied Adolf Vorwerk aus dem Unternehmen aus. Carl aber machte weiter – mit Erfolg: Zur Teppich- und Stoffproduktion kamen Webstühle. Vorwerk hatte die Modelle der technisch damals führenden Briten verbessert und eigene Patente darauf bekommen. 1907 übernahm Vorwerks Schwiegersohn die Firmenleitung. August Mittelsten Scheid begann, Maschinenteile zu bauen und – ganz wichtig für die weitere Entwicklung der Firma – Motoren. Elektromotoren für Grammofone.

1930 passieren **zwei Dinge, die das Unternehmen bis heute prägen:** Mit dem Modell „Kobold 30" kommt

Mixer mit Heizfunktion:
Das ist die Idee des Thermomix®

der erste elektrische Handstaubsauger von Vorwerk auf den Markt. Sein Herzstück: ein umgebauter Grammofon-Elektromotor. Und die Firma entwickelt ein **neues Vertriebskonzept:** den **Direktvertrieb.** 1930 klingeln die ersten Staubsaugervertreter an deutschen Türen. Das Konzept kommt aus den USA. Für die Wuppertaler Firma wird es von nun an ihr Alleinstellungsmerkmal in der Branche.

Die Firma wächst, nach dem Zweiten Weltkrieg auch im Ausland, und eine Mittelsten-Scheid-Generation nach der anderen führt das Unternehmen. Immer mehr Produkte werden angeboten und weil man nun mal eine Menge Know-how mit Elektromotoren hat, bietet es sich förmlich an, auch Küchenmaschinen herzustellen. **1961 kommt die erste Küchenmaschine von Vorwerk:** Sie kann rühren, schneiden, kneten, raspeln, mixen, mahlen und entsaften. Schon ziemlich viel von dem, was ein Thermomix® auch kann.

Da kommt ein in Frankreich lebender Schweizer auf eine Idee, die rückblickend wohl entscheidend für die Thermomix®-Entwicklung war: Weil die Franzosen so gern ihre *potages*, gebundene Gemüsesuppen, essen, schlug er vor, dem Küchengerät noch eine Heizfunktion zu spendieren. **1971** kam der **Heizmixer VM 2000** auf den Markt, zunächst nur in Frankreich, später überall zu haben – der **Ur-Thermomix,** auch wenn er noch nicht so hieß. Der Name und die noch größere Funktionsvielfalt kamen erst in den 1980er-Jahren: 1979 der erste Vorwerk Thermomix®, Typenbezeichnung: **TM3000, das erste Küchengerät, das auch kochen kann.** Der erste Thermomix® in Deutschland kommt 1984 auf den Markt, der TM3300. Das Nachfolgemodell TM21 kann 1996 schon dampfgaren und hat eine eingebaute Küchenwaage.

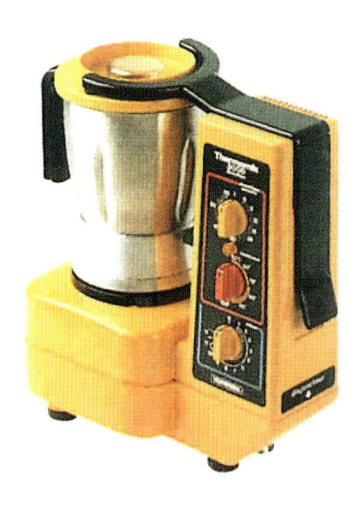

Ein bisschen hat er sich schon verändert in fast 40 Jahren

Wuppertaler Traditionsunternehmen bringt Hightech in die Küche

Das Vorwerk-Stammhaus in Wuppertal

... UND HEUTE?

Seit 2014 gibt es den aktuellen Thermomix TM5 – den ersten mit Internet-Anschluss.

Mit einer ausgeklügelten Patentstrategie versucht Vorwerk zu verhindern, dass sein Kassenschlager von anderen nachgebaut wird: Allein bei der Entwicklung der TM5 hat die Firma 150 Patente angemeldet. Heute macht Vorwerk mit dem Thermomix® mehr Umsatz als mit irgendeinem anderen Geschäftszweig: fast 1,3 Milliarden Euro – mehr als ein Drittel des gesamten Umsatzes der Vorwerk-Gruppe (2016: 3,1 Milliarden Euro). 2700 der 12.000 Angestellten bei Vorwerk arbeiten für die Küchenmaschine.

Dazu kommt ein Heer von rund 45.000 „Repräsentantinnen". Denn den Thermomix® kann man nicht im Laden kaufen. Stattdessen organisieren Vertreterinnen, die auf Provisionsbasis arbeiten, Vorführungen in privaten Wohnungen, ähnlich wie die bekannten Tupper-Partys von Tupperware. Offensichtlich ist dieser Direktvertrieb für solche Geräte das Richtige. Zeitweise war die Nachfrage nach dem Alleskönner aus Wuppertal so hoch, dass Kunden Wartezeiten in Kauf nehmen mussten. Und das, obwohl der Thermomix® alles andere als billig ist.

Mit der neuesten Generation sichert sich Vorwerk noch eine Einnahmequelle: die der Online-Rezept-Plattform „Cookidoo". Hierfür kann man Jahresabos gegen Geld abschließen. Zusammen mit dem Thermomix® und einem Lebensmittel-Lieferdienst wird Koch-Sciene-Fiction Wirklichkeit: Am Computer Gerichte aussuchen oder sich gleich ganze Speisepläne vorschlagen lassen, die Daten in die Küchenmaschine laden, auf Knopfdruck geht die Zutatenliste online an einen Lieferservice, der bringt die Lebensmittel, die man dann nach Maschinenanweisung ins Gerät gibt.

KOCH-SCIENCE-FICTION.

Es könnte also sein, dass ein Wuppertaler Teppichhersteller aus dem 19. Jahrhundert die Küche der Zukunft erfunden hat.

Wuppertaler Traditionsunternehmen bringt Hightech in die Küche

QUELLEN

Allgemein:
Dr. Florian Langenscheidt (Hrsg.), Deutsche Standards: Marken des Jahrhunderts, Köln 2005
Dr. Björn Stüwe, Produktklassiker – Quintessenzen der Konsumkultur, Wiesbaden 2008
Kohausz & Florack, Erfindungen aus Nordrhein-Westfalen, Düsseldorf 2015

4711:
O. V., 160 Jahre 4711, Köln 1952
Rudolf Kinzel, Parfums – Der heiße Markt der teuren Düfte, Berlin 1993
Willi Bongard, Porträt einer Marke: Siebenundvierzigelf, Die Zeit Nr. 31/1964
Carl Dietmar, Kölner Stadtgeschichte: Legenden à la 4711 kölnisch Wasser, Kölner Stadt-Anzeiger 16.10.2014
Andreas Fasel, Der wahre Duft des Kölnischen Wassers, Welt am Sonntag 22.3.2009
Manuel Heckmair, Kölnisch Wasser – Die Geschichte eines Missverständnisses, Focus 13.7.2009

ALDI:
Martin Kuhna, Die Albrechts – Auf den Spuren der Aldi-Unternehmer, München 2015
Georg Schwedt, Vom Tante-Emma-Laden zum Supermarkt – Eine Kurzgeschichte des Einkaufens, Weinheim 2006

AWD:
Marc Muylaert, AWD – Eine Motorradfabrik in den Wirren der deutschen Geschichte, Ratingen 1979
Johann Kleie Vennekate, Deutsche Motorräder der 50er Jahre, Lemgo 2002

Bayer:
Nicolai Kuhnert, Hundert Jahre Aspirin – Die Geschichte des wohl erfolgreichsten Medikaments des letzten Jahrhunderts, Pharmazie in unserer Zeit Nr. 1/2000
Bayer AG, Presseerklärung zum Vortrag von Dr. Walter Sneader über die Entwicklung der Acetylsalicylsäure, September 1999
Bayrischer Rundfunk, 120 Jahre Aspirin – Das Erfolgsmedikament von Bayer, Aus Wissenschaft und Technik 13.8.2017

Claas:
Rudi Heppe, Claas Mähdrescher – Prospekte von 1934 bis heute, Brilon 1998
75 Jahre Mähdrescher in Europa, Landtechnik Magazin 14.3.2011
Horst Biere, Franz Claas sen. – Vordenker und Ideengeber, Neue Westfälische 2017

Cromford:
LVR Industriemuseum (Hrsg.), Cromford Ratingen, Köln 2010
Landschaftsverband Rheinland Rheinisches Industriemuseum Schriften Band 5, „Die öde Gegend wurde zum Lustgarten umgeschaffen …" – Zur Industriearchitektur der Textilfabrik Cromford 1783–1977, Köln 1991

Deutz:
Christoph Kaltscheuer, Nicolaus August Otto, Erfinder, Landschaftsverband Rheinland, Portal Rheinische Geschichte, 2013, www.rheinische-geschichte.lvr.de/persoenlichkeiten/O/Seiten/NicolausAugustOtto.aspx
Martin Dommer, Ottomotor – Im Takt moderner Motorentechnologie, Kölnische Rundschau 28.3.2014
Klaus Lüdtke, Bauernsohn erfindet Verbrennungskraftmaschine, www.heureka-stories.de 2010

Haribo:
Bettina Grosse de Cosnac, Die Riegels – Die Geschichte der Kultmarke HARIBO und ihrer Gründerfamilie, Bergisch Gladbach 2006
Christoph Kaltscheuer, Hans Riegel sen. Unternehmer und Gründer der Firma Haribo, Landschaftsverband Rheinland, Portal Rheinische Geschichte, 2013, www.rheinische-geschichte.lvr.de/persoenlichkeiten/R/Seiten/HansRiegel.aspx
Claudia Mahnke, Geschichte von Haribo Bonn – Die erste Erfindung war der „Tanzbär", General-Anzeiger-Bonn 16.10.2013

Hella:
Hella KG Hueck & Co., 100 Jahre Hella: Von der Lampenmanufaktur zum globalen Automobilzulieferer, Lippstadt 1999
Wolfgang Sievernich/Thomas Günnel, 60 Jahre Automobil Industrie – Über 100 Jahre Hella: Einleuchtende Innovationen, Automobil Industrie 7.12.2015
Tradition: 100 Jahre elektrische Autoscheinwerfer, Die Welt 3.4.2013

Henkel:
Henkel & Cie GmbH, 100 Jahre Henkel, Düsseldorf 1976
Wilfried Feldenkirchen/Susanne Hilger, Menschen und Marken – 125 Jahre Henkel, Düsseldorf 2001
Hagen Seidel, Markenklassiker Persil wird 100 Jahre alt, Die Welt 3.6.2007
Klaus Jopp, 100 Jahre Waschmittel – Seife ohne Seife, Die Welt 4.6.2007

QUELLEN

Jagenberg:
Bahnbrechende Idee wird zum Welterfolg, packaging journal 4.8.2015
Ute Rasch, Der erste Getränkekarton Europas, www.rp-online.de 23.3.2015
Die Geschichte von 1878 bis heute, www.jagenberg.com

Kaiser:
Martin Schwarz, Erinnerung an Kaiser Leuchten, www.derwesten.de 30.7.2016
Verlorene Klassiker des Möbeldesigns: Rondella Lampe von Christian Dell, www.smow.de

Krupp:
Harold James, Krupp: deutsche Legende und globales Unternehmen, München 2011
Frank Stenglein, Krupp: Höhen und Tiefen eines Industrieunternehmens, Essen 2009
Ernst Schröder, Krupp: Geschichte einer Unternehmerfamilie, Göttingen 1984
Ralf Berhorst, Die Krupp-Saga, www.spiegel.de 3.5.2008
ZDF, Alfred Krupp und Jacob Mayer, Doku Terra X 24.9.2012
Gunhild Freese, Räder rollen für Krupp, Die Zeit 45/1978

Mannesmann:
Horst A. Wessel, Kontinuität im Wandel – 100 Jahre Mannesmann, Gütersloh 1990
Marie-Therese Hanschmann, Reinhard und Max Mannesmann – Erfinder der nahtlosen Röhren, gwf Gas+Energie 4-5/2017
Landschaftsverband Rheinland, Portal Rheinische Geschichte, Reinhard Mannesmann sen., Pionier der Feilenindustrie
Landschaftsverband Rheinland, Portal Rheinische Geschichte; Reinhard Mannesmann jun., Erfinder und Entdecker
Harald Küst, Mit Erfindergeist zum Erfolg, www.rp-online.de 31.10.2016

Melitta:
Hans-Günther Oesterreich, Geschichte und Geschichten um Melitta – geröstet, gemahlen und gefiltert, Bremen o. J.
Deborah Jaffé, Geniale Frauen – Berühmte Erfinderinnen von Melitta Bentz bis Marie Curie, München 2008
Hendrik Ankenbrand, 100 Jahre Melitta – Eine deutsche Schöpfungsge-

schichte, Frankfurter Allgemeine Zeitung 11.6.2008
Heinrich Wefing, Duft, Kraft und Leidenschaft: Eine Kulturgeschichte des Kaffees, Frankfurter Allgemeine Zeitung 30.7.1996

Miele:
Marion Steinhart, Carl Miele, München 2000
Sonja Scheferling, Wie die Waschmaschine den Alltag revolutionierte, UmweltDialog 14.7.2015
Antje Homburger, Miele – Von der Buttermaschine zur Navitronic, Deutsche Presse Agentur 3.12.2003

Nixdorf:
Klaus Kemper, Heinz Nixdorf – eine deutsche Karriere, Landsberg/Lech 1986
Detlef Borchers, Vor 25 Jahren: Heinz Nixdorf stirbt auf der ersten CeBIT, www.heise.de 17.3.2011
WDR2 Stichtag, Vor 20 Jahren: Heinz Nixdorf stirbt, 17.3.2006

Oetker:
Rüdiger Jungbluth, Die Oetkers – Geschäfte und Geheimisse der bekanntesten Wirtschaftsdynastie Deutschlands, Frankfurt/Main 2004

Penaten:
Flensburg online, Legenden – Penaten Creme, 09/2004
„Rhöndorfer Penatenwelt", Bad Honnefer Wochenzeitung 11.1.2013

Puky:
Stephanie Heise, Was Puky besser macht als die Konkurrenz, Wirtschaftswoche 9.7.2009
Steffen Fründt, Die Kinder-Räder von Puky sollen cooler werden, Die Welt 22.4.2017
Roswitha Mairose-Gundermann, Vom Werk auf dem Weinberg, www.rp-online.de 16.1.2009
Valeska von Dolega, Aus der Fortunastraße in die ganze Welt, www.rp-online.de 6.11.2015

Radar:
Ute Rasch, Das Telemobiloskop und was daraus wurde, www.rp-online.de 21.2.2015
ddp, Ein Butenbremer erfand das erste Radar, Die Welt 31.3.2004
Klaus Lüdtke, Die Admiralität lehnte sein Radargerät ab – „Die Nebelhörner sind besser", www.heureka-stories.de 2010
Joachim Ender, Das Funkmessprinzip ist 98 Jahre alt: Ein Portrait des Erfinders Christian Hülsmeyer, Vortrag EUSAR Konferenz Köln 2002

QUELLEN

Rimowa:
Hagen Seidel, Warum Rimowa der Porsche unter den Koffern ist, Die Welt 19.10.2010
Michael Hausenblas, Rimowa-Chef Morszeck: „Es ist nicht einfach, einfach zu bleiben", Interview mit Dieter Morszeck, Der Standard 27.11.2012
Jennifer Wiebking, Vom Alu-Koffer zum Statussymbol, Frankfurter Allgemeine Zeitung 12.4.2015
Ralf Arenz, Kölner Familienunternehmen: Rimowa wird französisch, Kölnische Rundschau 6.10.2016
Monika Salchert, Harte Schale, harter Kern, Die Zeit 29/2012
In Schale, Der Spiegel 15.8.2011
Corinna Schulz, Der Koffer-König aus Köln, Kölner Stadt-Anzeiger 7.12.2014
Das Geheimnis der Rillen, brand eins 07/2008

Teekanne:
Teekanne GmbH & Co KG (Hrsg.), Teekanne macht den Tee seit 125 Jahren, Düsseldorf 2007
Monika Götz, Meerbusch – die Heimat der Teebeutel, www.rp-online.de 16.10.2015
Annette Westhoff, Eine Frage des guten Geschmacks, Welt am Sonntag 17.4.2005
WDR Stichtag, Teebeutel-Entwickler Adolf Rambold stirbt, www.wdr.de/stichtag 14.5.1996

Vaillant:
Ute Rasch, Wie Baden zum Vergnügen wurde, www.rp-online.de 9.3.2015
Klaus Kramer, Das private Hausbad 1850–1950 und die Entwicklung des Sanitärhandwerks
Udo Leuschner, Die deutsche Gasversorgung von den Anfängen bis 1998, September 2008

Veeh:
Ute Rasch, Höhenflug und Absturz eines Pioniers, www.rp-online.de 23.2.2015
R. Assmann/L. Prandtl/O. Föppl, Paul Daimler, Jahrbuch der Motorluftschiff-Studiengesellschaft, 2013

Vorwerk:
Marcus Rohwetter, Das iPhone aus Wuppertal, Die Zeit 42/2015
Andrea Fasel, „Jede Frau hat einen Thermomix verdient", Die Welt 18.4.2015
Eva Hartmann, Gottesdienst für den Thermomix: Wie ich knapp der Konvertierung entging, Badische Zeitung 20.1.2015

Walkman:
Robert Esser, Die Rache des Walkman-Erfinders, Aachener-Zeitung 17.6.2004
Christina Merkelbach, Ein kleiner Apparat, der zur großen Ikone wurde, Aachener Nachrichten 3.3.2010
Klaus Lüdtke, Er erfand den Walkman – die Japaner stahlen ihm die Idee, www.heureka-stories.de
Larry Rother, An Unlikely Trendsetter Made Earphones a Way of Life, New York Times 17.12.2005
In die Tasche gesteckt, Der Spiegel 23/2004
In der Falle, Der Spiegel 22/1993
Clemens Niedenthal, Die Idee bleibt, der Walkman geht, taz 22.11.2004

Zwilling:
Helmut Beermann (Hrsg.), Messer und Klingen – Ein Streifzug durch fünf Jahrhunderte der Klingenherstellung, Solingen 1993
Zwilling J. A. Henckels – Geschichte, www.wissenshub.de
Der Solinger Zwilling, Die Zeit 47/1978

MARTIN VON MAUSCHWITZ

ist seit vielen Jahren Moderator und Reporter im WDR. Bei den Dreharbeiten zu den TV-Dokumentationen „Wir vor 100 Jahren" und „Wir in den wilden Zwanzigern" entdeckte er, wie spannend die nordrhein-westfälische Industriegeschichte ist – bis heute. Das Thema ließ den gelernten Volkswirt nicht mehr los und er machte sich auf die Suche nach Erfindungen und Erfindern aus NRW.

Bildnachweis:

ALDI SÜD Dienstleistungs-GmbH & Co. oHG: S. 162–166
Alfried Krupp von Bohlen und Halbach Stiftung/ Historisches Archiv Krupp: S. 8 (3. v. li.), 23–27
AWD Museum/Thomas von der Bey: S. 104–109
Bayer AG: S. 8 (4. v. li.), 54–59
Bundesarchiv: S. 123 (o. li.: B 145 Bild-F038494-0022/Wienke, Ulrich/CC-BY-SA 3.0; o. re.: B 145 Bild-F038494-0002/Wienke, Ulrich/CC-BY-SA 3.0; u.: B 145 Bild-F038494-0032/Wienke, Ulrich/CC-BY-SA 3.0), 124/125 (Bundesarchiv, B 145 Bild-F038494-0034/Wienke, Ulrich/CC-BY-SA 3.0)
Christos Vittoratos – Eigenes Werk, CC BY-SA 3.0, https://commons.wikimedia.org/w/index.php?curid=32323627: S. 127
CLAAS KGaA mbH: S. 8 (2. v. li.), 128–137
Deutsches Museum, Bildstelle: S. 69–73
Deutz AG: S. 28–33
Frank Homann, Unkel: S. 75 (o.)
HARIBO GmbH & Co. KG: S. 3, 9 (re.), 110–115
Heinz Nixdorf MuseumsForum: S. 168–173
HELLA GmbH & Co. KGaA: S. 92–97
Henkel AG & Co. KGaA: S. 85
https://brlatina.com/blog/2017/six-latin-american-inventions-that-are-used-daily (16.07.2018): S. 176 (o. li.)
https://en.wikipedia.org/wiki/File:Stereobelt_Diagram.png#/media/File:Stereobelt_Diagram.png (16.07.2018): S. 174
http://heureka-stories.de/Erfindungen/1972---Der-Walkman/Die-ganze-Geschichte (16.07.2018): S. 176 (u. li.)
Jagenberg AG: S. 116–120
Jana Heinlein: S. 6
Johnson & Johnson GmbH: S. 75 (u.), 77 (u.)
Konzernarchiv Henkel AG & Co. KGaA: S. 9 u. 79 (Kurt Heiligenstaedt), 78, 80–84
LVR-Industriemuseum: S. 10–15
MÄURER & WIRTZ GmbH & Co. KG: S. 16–21
Melitta Group Management GmbH & Co. KG: S. 8 (li.), 86–91
Miele & Cie. KG: S. 60–67
picture alliance: S. 176 (o. re.: The Advertising Archives), 177 (AP), 179 (ASSOCIATED PRESS)
PUKY GmbH & Co. KG: S. 144–149
Republic of Fritz Hansen: S. 122
Rimowa GmbH: S. 150–155
Salzgitter AG-Konzernarchiv/Mannesmann-Archiv: S. 34–41
Stadtarchiv Düsseldorf: S. 9 (2. v. li.), 98–103
Teekanne Holding GmbH: S. 156–161
Unternehmensarchiv Dr. August Oetker KG: S. 42–47
Vaillant Deutschland GmbH & Co. KG: S. 48–53
Vorwerk & Co. KG: S. 180–183 (Archiv), 184 (Andreas Fischer)
Wolkenkratzer – Own work, CC BY-SA 3.0, https://commons.wikimedia.org/w/index.php?curid=25542492: S. 77 (o.)
Yoshikazu Takada – First Walkman 1979, CC BY 2.0, https://www.flickr.com/photos/yoshikazut/31011124386/in/photolist-up5fw1-Pfm7So-u9NHY3-urAMYT-LP-p2eg-bmsrxM/: S. 175
ZWILLING J. A. Henckels Deutschland GmbH: S. 138–143

Alle Angaben wurden nach bestem Wissen und Gewissen gemacht. Sollten dennoch Fehler passiert sein, durch die Rechte Dritter verletzt wurden, bitten wir dies zu entschuldigen. In allen Fällen wenden Sie sich an den Droste Verlag.

Bibliografische Information der Deutschen Nationalbibliothek

Die Deutsche Nationalbibliothek verzeichnet diese Publikation in der Deutschen Nationalbibliografie; detaillierte bibliografische Daten sind im Internet über http://dnb.d-nb.de abrufbar.

© 2018 Droste Verlag GmbH, Düsseldorf
Einbandgestaltung: Kay Bach, HOX designgroup., Köln (unter Verwendung von Abbildungen von AWD Museum/Thomas von der Bey, CLAAS KGaA mbH, HARIBO GmbH & Co. KG, Konzernarchiv Henkel AG & Co. KGaA/Kurt Heiligenstaedt, MÄURER & WIRTZ GmbH & Co. KG, Unternehmensarchiv Dr. August Oetker KG und Vaillant Deutschland GmbH)
Layout und Satz: Droste Verlag
Druck und Bindung: GrafikMediaProduktionsmanagement, Köln
ISBN 978-3-7700-2079-9

www.drosteverlag.de